は じ め に

ビジネスマナー検定試験 準 1 級は、新入社員を含む社会人に受験していただきたい検定試験です。

● 本試験の出題範囲は、標準テキスト「ビジネスマナー・バイブル」の全範囲です。本書は標準テキストから検定試験に出題するために作問し、その問題を登載いたしましたので、本書を学習し理解すれば、検定試験に合格可能な内容になっています。

● 本試験では「態度分野」から15問、「技能分野」から30問、「知識分野」から15問、合計60問が出題されます。合格基準は態度分野の正解率70％以上、技能分野および知識分野の正解率50％以上、かつ総合正解率70％以上です。なお、試験時間は90分間です。

分　野	内　　　容	出題数	合格基準
態度分野	01 ビジネスパーソンとして大切なこと 02 仕事の進め方の基本 03 ビジネスコミュニケーション 04 学ぶ立場から考えるマナー	15問	70％以上
技能分野	01 身だしなみ 02 挨拶と立ち居振る舞い 03 敬語と言葉遣い 04 電話応対 05 ビジネスメール 06 ビジネス文書 07 訪問 08 来客応対	30問	50％以上
知識分野	01 組織の役割と責任 02 組織の運営 03 企業と情報 04 冠婚葬祭のマナー	15問	50％以上
	総合正解率		70％以上

● 態度分野は準 2 級と共通の問題が出題されます。本書に収録の練習問題も、「ビジネスマナー検定問題集準 2 級」に登載されている問題と全く同じ内容です。ただし、合格基準が違うことにご注意ください。

● 技能分野は準 2 級が 4 択問題であるのに対し、準 1 級は単語記述問題

です。これも標準テキストからの出題となりますので、標準テキストおよび本書でしっかりと学習し、頻出単語を漢字も含めてしっかりと身につけてください。検定試験ではテキスト通りの表記でないと正解とはなりませんので、ご注意ください。

● 本書には、分野別問題の他、模擬試験問題３回を登載しています。分野別問題はテキスト学習の副教材として、模擬試験問題は一通りの学習を終えたあとの理解度の確認にご活用いただけます。（模試問題は分野別問題から抽出しています。）

● 解答は別冊で提供します。解答には解説に代えて、標準テキストの対応ページを記載しています。

　本書で学習された方が検定試験に合格されますこと、祈念いたします。

一般社団法人全国検定教育振興会

目　　次

01 ビジネスパーソンとして大切なこと

―――――――――――001―――――――――――

（　　　）に入る適切な言葉は、次のうちのどれですか。

「マナーとは、人間関係や（　　　）を保つために取るべき態度や行動のことである。」

① 社会的秩序

② 仕事の進捗

③ 倫理観

④ 社会的価値

―――――――――――002―――――――――――

（　　　）に入る適切な言葉は、次のうちのどれですか。

「ビジネスマナーとは、組織・企業の一員として求められる（　　　）ある行動のことである。」

① 意識

② 見識

③ 良識

④ 学識

―――――――――――003―――――――――――

学生と社会人とでは本分が異なりますが、本分の意味として適切なものは、次のうちのどれですか。

① 生活の中心となる本来の務め

② 社会での役割

③ 本来の自分

④ 生活の基盤となる場所

————————————004————————————

（　　　）に入る適切な言葉は、次のうちのどれですか。

「仕事とは、社会に必要な財貨や（　　　）を生産したり提供したりする社会的活動である。」

① サービス

② 商品

③ 技術

④ システム

解答欄

————————————005————————————

（　　　）に入る適切な言葉は、次のうちのどれですか。

「働くことの意味は、経済的自立とやりがい、そして（　　　）である。」

① 社会への参画

② 家族の支援

③ 人間関係の拡大

④ 趣味との両立

解答欄

————————————006————————————

（　　　）に入る適切な言葉は、次のうちのどれですか。

「働く上では、いかに戦力になれるかを考え、貢献することで（　　　）になることを目標にすべきである。」

① 人財

② 人材

③ 人罪

④ 人在

解答欄

—————————————007—————————————

プロとして働くスタートを切るうえで大切な心がけとして不適切なものは、次のうちのどれですか。

①　当たり前のことが当たり前にできる人になる。

②　どんなに小さな仕事にも全力で取り組む。

③　全力で仕事にまい進し周りからの信頼を得る。

④　自分にできる仕事を選別し、その範囲で働く。

—————————————008—————————————

仕事への心構えとして不適切なものは、次のうちのどれですか。

①　率先して仕事をする。

②　時間を有効活用する。

③　尊大な姿勢で取り組む。

④　心身の健康管理をする。

—————————————009—————————————

仕事への心構えに大切な「謙虚な姿勢」として不適切なものは、次のうちのどですか。

①　あいまいな点は必ず確認する。

②　わからない仕事は引き受けない。

③　まずは先輩のやり方を真似る。

④　ミスをしたらすぐに報告して謝罪する。

——————————————010——————————————

仕事でミスをしたときの対処として適切なものは、次のうちのどれです
か。

① 　ミスはマイナス評価につながるので隠す。

② 　ギリギリまで自分一人で解決を図る。

③ 　事情を説明して上司の指示を受ける。

④ 　上司や先輩に責任を負ってもらう。

——————————————011——————————————

率先して仕事に取り組む姿勢として適切なものは、次のうちのどれです
か。

① 　率先して会議で発言し、自分の主張を押し通す。

② 　新しい仕事に進んで取り組む。

③ 　自分の仕事より先輩の仕事を優先する。

④ 　始業時間より早く来て仕事を始める。

——————————————012——————————————

社会人として必要な心身の管理についての説明で不適切なものは、次の
うちのどれですか。

① 　ストレスはすべてが悪いわけではないと考える。

② 　朝はぎりぎりまで睡眠時間に充てる。

③ 　食事はバランスよく食べる。

④ 　適度に運動をする。

02　仕事の進め方の基本

————————————013————————————

次の働く上での基本姿勢の説明で適切なものは、次のうちのどれですか。

① 休憩時間以外は、自分の居場所は明確にしておき、席を立つときは周囲に声をかける。

② 上司に呼ばれたら「メモは必要か」と聞いてから席を立つようにする。

③ 仕事を引き受けるとき、わからないことがあってもまずはできそうなところから進める。

④ 引き受けた仕事が終わらなければ、自己判断で責任を持って持ち帰る。

解答欄

————————————014————————————

次の職場での行動のうち適切なものは、次のうちのどれですか。

① 会議中は、スマートフォンはマナーモードにしておいた。

② 受付で、手が空いていたので頬杖をついて客を待った。

③ 朝早く出社したので、パソコンのそばで食事をとった。

④ 昼休み中、パソコンで週末の旅行情報を検索した。

解答欄

————————————015————————————

次の職場での休暇の取り方のうち不適切なものは、次のうちのどれですか。

① 休暇中も連絡が取れるように、常にスマートフォンなどをつなげておく。

② 休暇の申請は直属の上司に行う。

③ 急な体調不良で休むことも想定しておく。

④ 休暇を取得しても周りに迷惑が掛からないよう準備しておく。

解答欄

—————————————016—————————————

仕事上でミスやクレームを受けたときの対応として不適切なものは、次のうちのどれですか。

① 納得いくまで相手と話し合いを重ねる。

② すぐに上司や関係者に報告する。

③ 相手に誠意をもって謝罪する。

④ 最善策を上司と相談する。

—————————————017—————————————

（　　　）に入る適切な言葉は、次のうちのどれですか。

「ビジネスパーソンに求められる最も基本的な姿勢は、組織の（　　　）を理解し、目標達成に貢献しようとする姿勢である。」

① 基本理念

② 損益分岐点

③ 沿革

④ 福利厚生

—————————————018—————————————

ビジネスの場面における基本的な心がけとして不適切なものは、次のうちのどれですか。

① 顧客意識

② 目標意識

③ 規律意識

④ 潜在意識

解答欄

解答欄

解答欄

———————————019———————————

（　　　）に入る適切な言葉は、次のうちのどれですか。

「ビジネスでは、商品やサービスを提供する側の都合を優先させない姿勢が大切で、これを（　　　）意識という。」

① 原価

② 民主

③ 顧客

④ 財貨

———————————020———————————

目標意識をもって働くことのメリットについて述べたもののうち不適切なものは、次のうちのどれですか。

① 特定の仕事についてのスキルが上がる。

② 仕事の目的や背景に考えが及ぶ。

③ 目標設定や自分なりの工夫が生まれる。

④ 独自のノウハウが蓄積できる。

———————————021———————————

（　　　）に入る適切な言葉は、次のうちのどれですか。

「仕事を進める上で公正・公平であることを理解し、社会常識や職場のルールを守ろうとする姿勢を、（　　　）意識という。」

① 規範

② 倫理

③ 帰属

④ 規律

————————————022————————————

仕事を締め切り間に合わせるための心がまえとして不適切なものは、次のうちのどれですか。

① しっかり計画を立てる。

② 時間を無駄にしない。

③ 手際よく仕事を進める。

④ 残業をしてでも仕事を翌日まで持ち越さない。

解答欄

————————————023————————————

（　　　）に入る適切な言葉は、次のうちのどれですか。

「限られた時間で効率よく仕事を進める『時間意識』をもつことは、企業の（　　　）削減につながる。」

① リスク

② ダスト

③ コスト

④ タスク

解答欄

————————————024————————————

（　　　）に入る適切な言葉は、次のうちのどれですか。

「顧客のニーズにこたえるだけではなく、常にレベルの高い仕事を追求する姿勢を（　　　）意識と言う。」

① 品質

② 改革

③ 探求

④ 上昇

解答欄

03　ビジネスコミュニケーション

――――――――――――――025――――――――――――――

人間関係づくりの基本姿勢として不適切なものは、次のうちのどれですか。

① 相手を受け入れる姿勢

② 相手を知ろうと努力する姿勢

③ 相手の良いところを見る姿勢

④ 服装や持ち物から判断する姿勢

――――――――――――――026――――――――――――――

良い人間関係を築くためのポイントのうち不適切なものは、次のうちのどれですか。

① 相手の社会的地位から人柄を理解する。

② 相手に対して先入観をもたない。

③ 相手の良いところに注目する。

④ 積極的に自分から人間関係を築く努力をする。

――――――――――――――027――――――――――――――

コミュニケーションに例えられるスポーツの動作で適切なものは、次のうちのどれですか。

① スローイン

② キャッチボール

③ フリースロー

④ ブロック

—————————————028—————————————

ビジネスにおける情報交換のコミュニケーションとして不適切なものは、次のうちのどれですか。

① とにかく短時間で伝える。

② 相手の立場になって伝える。

③ 相手に正しく伝える。

④ 相手の気持ちをくみ取る。

—————————————029—————————————

（　　　）に入る適切な言葉は、次のうちのどれですか。

「立場の異なる相手と良好な関係を構築するために最も大切なことは、相手を（　　）ことです。」

① 憐れむ

② 思いやる

③ 喜ばせる

④ 蔑む

—————————————030—————————————

上司とのコミュニケーションで大切なポイントのうち不適切なものは、次のうちのどれですか。

① 価値観の違いは気にしない。

② 敬意をもって接する。

③ 素直にアドバイスを聞き入れる。

④ 指示の意図をしっかりつかむ。

————————————031————————————

後輩とのコミュニケーションで大切なポイントのうち不適切なものは、
次のうちのどれですか。

① 意見を頭ごなしに否定しない。

② 公私にわたって親しくかかわる。

③ 困っているようなら進んでサポートする。

④ 自分のやり方を一方的に押し付けない。

解答欄

————————————032————————————

正しい話の聞き方として不適切なものは、次のうちのどれですか。

① 感想や自分なりの憶測をしっかり話す。

② 相手が聞きやすいスピードで話す。

③ 笑顔で相手の目を見て話す。

④ 間違いやすい表現は言い換える。

解答欄

————————————033————————————

効果的なコミュニケーションをとるために必要な正しい聞き方として不
適切なものは、次のうちのどれですか。

① 聞いてもわからなかったことは慎重に憶測する。

② 反論があるときもまずは最後まで聞く。

③ 必要な事項は正確にメモを取る。

④ 先入観を持たず、受け入れる姿勢で聞く。

解答欄

——————————————034——————————————

職場における報告のルールとして適切なものは、次のうちのどれですか。

① 指示を受けた上司に報告する。

② 悪い報告よりよい報告を優先する。

③ 緊急性の高い内容から報告する。

④ まずは結論を話し、必要に応じて経緯を伝える。

——————————————035——————————————

ビジネスシーンにおける連絡のうち、メールで行う方が「効果的でない」ものは、次のうちのどれですか。

① 正確に伝えたいとき

② 記録として残したいとき

③ 急いで返事をもらいたい伝達事項があるとき

④ 多くの相手に一度に連絡したいとき

——————————————036——————————————

問題解決のために相談を行う上で不適切なものは、次のうちのどれですか。

① 解決策を相手に丸投げせず、自身の意見も伝える。

② 仕事内容を理解している人を選んで相談する。

③ 機密事項が漏洩しないよう配慮する。

④ 客観的な意見をもらうために社外の人に相談する。

04　学ぶ立場から考えるマナー

————————————037————————————

学校という組織でもマナーが重要視される理由として不適切なものは、次のうちのどれですか。

① 学生は支えられる立場のため、学校の規則には従うべきだから。

② 1人の無責任な行動が、学校のマイナスイメージにつながってしまうから。

③ 学びたい仲間の邪魔をするような行為は避けるべきだから。

④ 社会に出るための助走期間を充実したものにしていくことが大切だから。

————————————038————————————

（　　　）に入る言葉の組み合わせで適切なものは、次のうちのどれですか。

「学ぶことは（　　　）であるから、一人ひとりの（　　　）が尊重されるように、互いが精力的に学べるようにする必要がある。」

① 特典

② 自然

③ **義務**

④ 権利

————————————039————————————

（　　　）に入る言葉で適切なものは、次のうちのどれですか。

「親しき仲にも（　　　）あり」

① 敬意

② 礼儀

③ 尊敬

④ 恩義

————————————040————————————

人との関わりの中で心がけることの組み合わせとして不適切なものは、次のうちのどれですか。

①　教職員＝礼も過ぎれば無礼となる
②　友　人＝よきライバルとして影響し合う
③　先　輩＝教えてもらうという謙虚な姿勢
④　後　輩＝威圧的な態度で接しない

解答欄

————————————041————————————

学校生活でさまざまな人間関係を構築するうえで必要なマナーとして適切なものは、次のうちのどれですか。

①　気の合わないクラスメートとは、あまり無理して付き合う必要はない。
②　クラスメートは学ぶ場ではよきライバルとして、距離をとって接する。
③　後輩には、上の立場から威圧的な態度で接する。
④　先生には敬意をもって接する。

解答欄

————————————042————————————

学校でのマナー違反でないものは、次のうちのどれですか。

①　学校の備品を勝手に持ち出す。
②　自分の机の中にごみを入れておく。
③　共有のものは使ったら元の場所に戻す。
④　トイレの洗面台を水浸しにする。

解答欄

————————————043————————————

学校でのマナー違反でないものは、次のうちのどれですか。

① 授業中に携帯電話を鳴らす。

② ロッカーの中をぐちゃぐちゃにして使う。

③ 授業中に勝手に離席する。

④ 来校者に進んで挨拶する。

解答欄

————————————044————————————

学校内での良識行動といえないものは、次のうちのどれですか。

① 制服を適切に着用する。

② お客様にきちんと挨拶する。

③ 廊下を走る。

④ 学ぶ場にふさわしい髪型に整える。

解答欄

————————————045————————————

公共の場でのマナーとして適切なものは、次のうちのどれですか。

① スマートフォンから音楽やゲーム音が漏れている。

② 混雑した街中でアイスクリームを食べる。

③ 店の前でしゃがみこんで話をする。

④ 電車で困っている人に座席を譲る。

解答欄

————————————046————————————

交通機関など公共の場面でのマナーとして不適切なものは、次のうちの
どれですか。

① 車内が空いているときは、メイクや食事の時間に充てる。

② 順番を守って乗り降りする。

③ 混みあっているときはリュックは前に抱える。

④ 携帯電話での通話は避ける。

解答欄

1
態度編

————————————047————————————

公共の場で思いやる行動を積極的にとることは、直接的ではなくともあ
なたのプラスになりますが、そのような考え方を述べた言葉は、次のう
ちのどれですか。

① 因果応報

② 情けは人のためならず

③ 覆水盆に返らず

④ 案ずるより産むがやすし

解答欄

————————————048————————————

地球の一員として気をつけたいこととして不適切なものは、次のうちの
どれですか。

① プラスティックストローを積極的に使う。

② ごみを適切に分別する。

③ レジ袋削減に取り組む。

④ マイボトルを活用する。

解答欄

01　身だしなみ

————————————049————————————

次の文章の（　　　）に入る適切な語句を漢字2文字で答えなさい。

身だしなみとは「人に（　　　）感を与えないように、言動や服装を整えること。また、その心がけ」をいう。

解答欄

————————————050————————————

次の文章の（　　　）に入る適切な語句を漢字2文字で答えなさい。

身だしなみとは、年齢・性別・経験・価値観などの異なる人々で構成される社会において、多くの相手から（　　　）を得るための気配りのことである。

解答欄

————————————051————————————

次の文章の（　　　）に入る適切な語句を漢字2文字で答えなさい。

社会人として求められる身だしなみのポイントは、清潔感があり、上品で控えめであること、そして（　　　）性である。

解答欄

————————————052————————————

次の文章の（　　　）に入る適切な語句を漢字2文字で答えなさい。

効率的に仕事をするためには、作業中に袖や装飾が引っかからないなど、（　　　）性への配慮も必要である。

解答欄

―――――――――――053―――――――――――

次の文章の（　　　）に入る適切な語句を漢字1文字で答えなさい。
男性の身だしなみでは、スーツやワイシャツ、ネクタイなどの服装の他、靴下や
（　　　）にも注意を払う必要がある。

解答欄

―――――――――――054―――――――――――

次の文章の（　　　）に入る適切な語句を漢字2文字で答えなさい。
（　　　）や**整髪**料は、個人の嗜好の違いがあるほか、「香害」で不快に思う人もいるので、控え目にする配慮が必要である。

解答欄

―――――――――――055―――――――――――

次の文章の（　　　）に入る適切な語句を2文字で答えなさい。
ビジネス場面にふさわしい持ち物のうち、バッグは、（　　　）サイズの書類を折らずに入れられるもの、床に置いたとき自立するもの、華美過ぎないデザインのものがよい。

解答欄

―――――――――――056―――――――――――

次の文章の（　　　）に入る適切な語句を漢字4文字で答えなさい。
ビジネスパーソンに必要な持ち物は、名刺・手帳・（　　　）・時計・スマートフォン（携帯電話）・ビジネスバッグ・眼鏡（必要な人は）である。

解答欄

———————————————057———————————————

次の文章の（　　　）に入る適切な語句を漢字2文字で答えなさい。
ビジネスにおける身だしなみには TPO が必要である。TPO とは、時間、（　　　）、場面からなる和製英語である。

解答欄		

———————————————058———————————————

次の文章の（　　　）に入る適切な語句を5文字で答えなさい。
ビジネス場面での身だしなみが多様化した中で、スーツスタイルほどかたすぎず、プライベートほど軽装ではない身だしなみが許容されてきた。これをオフィス（　　　）という。

解答欄					

———————————————059———————————————

エネルギーの無駄遣いを避けるため、夏にジャケットやネクタイを着用しないことで、冷房を低めに設定できるようにする商習慣を5文字で答えなさい。

解答欄					

———————————————060———————————————

冬にスーツの下にセーターやベストを着用することで暖房の温度を低めに設定する商習慣を6文字で答えなさい。

解答欄						

02　挨拶と立ち居振る舞い

―――――――――――――061―――――――――――――

次の文章の（　　　）に入る適切な語句を漢字2文字で答えなさい。
挨拶をする場面で大切な要素には、（　　　）や声の大きさ、話すスピードのほかにジェスチャーがある。

解答欄 ［　　　］

―――――――――――――062―――――――――――――

次の文章の（　　　）に入る適切な語句を5文字で答えなさい。
挨拶の基本として、まずは相手とアイ（　　　）をして「あなたに声をかけています」という心を伝えることが大切だ。

解答欄 ［　　　　　　　　　　］

―――――――――――――063―――――――――――――

次の文章の（　　　）に入る適切な語句を4文字で答えなさい。
笑顔であいさつした後に、一言言葉を添えることが大切である。季節や趣味、ニュース、家族、仕事などの中から（　　　）のないものを選ぶのがよい。

解答欄 ［　　　　　　　　］

―――――――――――――064―――――――――――――

次の文章の（　　　）に入る適切な語句を8文字で答えなさい。
社内から外出するときには、上司や周囲の人に行先と場所を知らせたうえで、（　　　）と挨拶言葉をかける。

解答欄 ［　　　　　　　　　　　　　　　　］

———————————065———————————

次の文章の（　　　）に入る適切な語句を3文字で答えなさい。
退社するときには、周りの人に「何か、お（　　　）することはありませんか」と声
をかけ、なければ「お先に失礼します」と挨拶して退社する。

解答欄			

———————————066———————————

次の文章の（　　　）に入る適切な語句を漢字2文字で答えなさい。
職場で、社外の人に会ったら、たとえ面識がなくても「いらっしゃいませ。いつもお
（　　　）になっております」と挨拶する。

解答欄		

———————————067———————————

次の文章の（　　　）に入る適切な語句を3文字で答えなさい。
先に退社する上司に声をかけるときには「ご苦労様でした」ではなく「（　　　　　）
様でした」とするのがよい。

解答欄			

———————————068———————————

次の文章の（　　　）に入る適切な語句を漢字2文字で答えなさい。
礼儀正しい挨拶には、まず美しい立ち姿勢が求められる。まっすぐ背筋を伸ばして軽
く胸を張り、女性は両手の（　　　）を揃えて体の前で重ねる。

解答欄		

——————————————————069——————————————————

次の文章の（　　　）に入る適切な語句を2文字で答えなさい。
仕事中の座り姿勢は周りから目につくものである。足をぶらぶらと組んだり、猫背であごを突き出したり、（　　　）をついて座るのは避ける。

解答欄 ☐

——————————————————070——————————————————

次の文章の（　　　）に入る適切な語句を漢字2文字で答えなさい。
書類を手にして職場を歩くときには、内容が見えないように持つ配慮が求められる。できれば（　　　）に入れて持ち運ぶ。

解答欄 ☐

——————————————————071——————————————————

次の文章の（　　　）に入る適切な語句を2文字で答えなさい。
相手に傘やペンなどすぐに使うものを手渡すときは、相手が使いやすいように（　　　）を変えて手渡すのがよい。

解答欄 ☐

——————————————————072——————————————————

挨拶してから頭を下げるお辞儀で、語先後礼ともいう挨拶を漢字3文字で答えなさい。

解答欄 ☐

————————————073————————————

ビジネスの多くの場面で用いられるお辞儀で、お客様の送迎や応接室への入退室の時に用いるお辞儀を漢字2文字で答えなさい。

解答欄　▯▯

————————————074————————————

次の文章の（　　　）に入る適切な語句を1文字で答えなさい。
人とすれ違うとき、人の前を通るときに用いるお辞儀を会釈というが、視線を足元から（　　）メートルほど先の床に向ける。

解答欄　▯

————————————075————————————

感謝や謝罪の気持ちを伝えるとき、地位の高い人に接するときなどに用いる最も丁寧なお辞儀を漢字3文字で答えなさい。

解答欄　▯▯▯

————————————076————————————

次の文章の（　　　）に入る適切な語句を数字2文字で答えなさい。
最敬礼の際には、腰から上体を（　　　）度傾け、視線を自分の足元付近の床に向ける。

解答欄　▯▯

03　敬語と言葉遣い

―――――――――――――077―――――――――――――

次の文章の（　　　）に入る適切な語句を３文字で答えなさい。

目上の人をねぎらうときは、「ご苦労様」ではなく「（　　　）様でした」とするのがよい。

解答欄 ｜　｜　｜　｜

―――――――――――――078―――――――――――――

次の文章の（　　　）に入る適切な語句を漢字２文字で答えなさい。

目上の方の話を聞いて感想を述べるときには「参考になりました」ではなく「（　　　）になりました」とするのがよい。

解答欄 ｜　｜　｜

―――――――――――――079―――――――――――――

次の文章の（　　　）に入る適切な語句を漢字２文字で答えなさい。

上司の指示を受けて、理解したことを伝えるときには「了解です」ではなく「（　　　）いたしました」とするのがよい。

解答欄 ｜　｜　｜

―――――――――――――080―――――――――――――

次の文章の（　　　）に入る適切な語句を６文字で答えなさい。

上司からほめられたとき、自身を謙遜して使う表現は、「とんでもございません」ではなく「とんでも（　　　）」とするのが正しい

解答欄 ｜　｜　｜　｜　｜　｜　｜

—————————————————081————————————————

次の文章の（　　　）に入る適切な語句を2文字で答えなさい。

上司に資料を渡すときは「こちらが資料のほうになります」ではなく「こちらが資料
（　　　）」とするのがよい。

解答欄 [　　|　　]

—————————————————082————————————————

次の文章の（　　　）に入る適切な語句を漢字2文字で答えなさい。

敬語には尊敬語、謙譲語、丁寧語、美化語があるが、上司の家族から電話を受けたと
きは、上司のことは（　　　）語で伝えるのがよい。

解答欄 [　　|　　]

—————————————————083————————————————

次の文章の（　　　）に入る適切な語句を4文字で答えなさい。

ものに尊敬表現は使わないので、「〇〇さんのお宅で、犬がお生まれになったそうだ」
は「〇〇さんのお宅で、犬が（　　　）そうだ」とすればよい。

解答欄 [　|　|　|　]

—————————————————084————————————————

上司への言葉遣いで間違っている部分を正しく直すとき、（　　　）に入る適切な語
句を4文字で答えなさい。

「明日は大阪にいらっしゃられるご予定です」

→「明日は大阪にい（　　　）るご予定です」

解答欄 [　|　|　|　]

―――――――――――――085―――――――――――――

上司への言葉遣いで間違っている部分を正しく直すとき、（　　　）に入る適切な語句を4文字で答えなさい。

「至急○○の件について、ご検討してください」

→「至急○○の件について、ご検討（　　　）」

解答欄

―――――――――――――086―――――――――――――

お客様への言葉遣いで間違っている部分を正しく直すとき、（　　　）に入る適切な語句を4文字で答えなさい。

「お手数をおかけしますが、少しこちらでお待ちになられてください」

→「お手数をおかけしますが、少しこちらでお待ち（　　　）」

解答欄

―――――――――――――087―――――――――――――

お客様への言葉遣いで間違っている部分を正しく直すとき、（　　　）に入る適切な語句を6文字で答えなさい。

「山本様でございますね」

→「山本様で（　　　）ますね」

解答欄

―――――――――――――088―――――――――――――

相手企業を呼ぶときの呼称で（　　　）に入る適切な語句を漢字2文字で答えなさい。

「明日14時に、（　　　）へお伺いいたします」

解答欄

04　電話応対

————————————089————————————

次の文章の（　　　）に入る適切な語句を漢字2文字で答えなさい。

電話は、相手の時間を拘束することになるので、迅速・正確・（　　　）な伝達を心がけるべきである。

解答欄　

————————————090————————————

次の文章の（　　　）に入る適切な語句を漢字2文字で答えなさい。

電話は、相手の時間を拘束することになるので、始業時間の前後、週明けの午前中・（　　　）時間前後などは避けるなど、相手への配慮が求められる。

解答欄　

————————————091————————————

次の文章の（　　　）に入る適切な語句を4文字で答えなさい。

かかってきた電話を受けるとき、コールが3回以上鳴った場合は、「（　　　）いたしました」などと一言添えるのがよい。

解答欄　

————————————092————————————

次の文章の（　　　）に入る適切な語句を漢字2文字で答えなさい。

社内の電話を受けるときには、（　　　）名だけか、（　　　）名と氏名を名乗って挨拶するのがよい。

解答欄

—————————————093—————————————

次の文章の（　　　）に入る適切な語句を3文字で答えなさい。

電話で用件を伝えるときは、恐れ入りますが、あいにくですが、の他に「手間をかけて申し訳ないが」の意味で「（　　　）をおかけしますが」などのクッション言葉を用いるとよい。

解答欄 [| |]

—————————————094—————————————

次の文章の（　　　）に入る適切な語句を漢字2文字で答えなさい。

電話で、名指し人が不在の時に伝言を受けたときは「（　　　）させていただきます」と言って、用件を繰り返し確認するのがよい。

解答欄 [|]

—————————————095—————————————

次の文章の（　　　）に入る適切な語句を3文字で答えなさい。

電話を受けたが、名指し人が不在の時は、「あいにくただいま席を（　　　）おります」と言うのがよい。

解答欄 [| |]

—————————————096—————————————

次の文章の（　　　）に入る適切な語句を4文字で答えなさい。

電話を受けたが、名指し人が不在だったため、代わりに用件を聞いたときは「確かに担当者に（　　　）ます」と話し、責任をもって伝言することを伝える。

解答欄 [| | |]

—————————————097—————————————

次の文章の（　　　）に入る適切な語句を漢字2文字で答えなさい。

電話で伝言を受けたら、相手の会社名、部署名、氏名、用件、自身の名前の他に、電話を受けた（　　　）を書いておくのがよい。

解答欄 ┃ | |

—————————————098—————————————

次の文章の（　　　）に入る適切な語句を2文字で答えなさい。

電話を受けたが、相手の声が小さくて聞き取れない時は「恐れ入りますが、お電話が少々（　　　）ようですが」などと伝えるのがよい。

解答欄 ┃ | |

—————————————099—————————————

次の文章の（　　　）に入る適切な語句を漢字3文字で答えなさい。

電話を受けたが、相手が社名を名乗らない場合は「失礼ですが、（　　　）を伺ってよろしいでしょうが」と尋ねるとよい。

解答欄 ┃ | | |

—————————————100—————————————

次の文章の（　　　）に入る適切な語句を4文字で答えなさい。

不在の名指し人の連絡先電話番号を教えてほしいと言われても、（　　　）の許可なく教えてはいけない。

解答欄 ┃ | | |

05　ビジネスメール

―――――――――――――――101――――――――――――――

次の文章の（　　　）に入る適切な語句を3文字で答えなさい。
ビジネスシーンで多く用いられるメールの利便性は、即時に大量の送信ができること、
記録として残せること、もう一つは低（　　　）であることがあげられる。

解答欄 ＿＿＿＿＿＿＿

―――――――――――――――102――――――――――――――

次の文章の（　　　）に入る適切な語句を漢字2文字で答えなさい。
ビジネスメールのデメリットは、誤送信による情報漏洩の危険があること、緊急の要
件には向かないこと、そして（　　　）が伝わりづらいことが挙げられる。そのため、
お詫びやお悔みの用件をメールで伝えるのは避けたほうがよい。

解答欄 ＿＿＿＿

―――――――――――――――103――――――――――――――

次の文章の（　　　）に入る適切な語句を2文字で答えなさい。
メールの宛先欄には、送信したい相手のアドレスを入れる。間接的に確認・参照して
ほしい相手のメールアドレスは to ではなく（　　　）の欄に入れるのがよい。

解答欄 ＿＿＿＿

―――――――――――――――104――――――――――――――

次の文章の（　　　）に入る適切な語句を3文字で答えなさい。
メールの受信者全員に「このメールを送ったこと」を知られずに一斉送信する場合は、
アドレスを（　　　）欄に入れるのがよい。

解答欄 ＿＿＿＿＿＿＿

——————————————105——————————————

次の文章の（　　　）に入る適切な語句を漢字1文字で答えなさい。

メールの本文はすべて（　　　）詰めで、行頭を一マス開ける必要はない。また署名も（　　　）寄せにする。

解答欄　　　

——————————————106——————————————

次の文章の（　　　）に入る適切な語句を1文字で答えなさい。

メールの本文では、まず相手の組織名・部署名・役職名・氏名・様を入れる。全体で（　　　）行程度で宛名を書くのがよい。

解答欄　　　

——————————————107——————————————

次の文章の（　　　）に入る適切な語句を数字2文字で答えなさい。

メールの一行の文字数は、25〜（　　　）文字程度にして、適宜改行すると読みやすい。

解答欄　　　

——————————————108——————————————

次の文章の（　　　）に入る適切な語句を漢字2文字で答えなさい。

メールに添付ファイルをつける場合は、その旨本文に記載する。メールの容量が大きい場合、データを（　　　）して添付するのがよい。

解答欄

—————————————————109—————————————————

次の文章の（　　　）に入る適切な語句を漢字2文字で答えなさい。
受け取ったメールに返信するときは、（　　　）は変えないことで、何についての返
信かを相手が理解しやすくするのがよい。

解答欄

—————————————————110—————————————————

次の文章の（　　　）に入る適切な語句を4文字で答えなさい。
「営業担当」と名乗る相手からのメールに返信するときのあて名は、営業（　　　）
様とするのがよい。

解答欄

—————————————————111—————————————————

次の文章の（　　　）に入る適切な語句を漢字2文字で答えなさい。
メールの返信に際しては、まずは連絡に対する（　　）を伝え、その上で返信の内容
を記載するとい。

解答欄

—————————————————112—————————————————

次の文章の（　　　）に入る適切な語句を漢字2文字で答えなさい。
受信したメールを第三者に転送するときは、メールの（　　　）冒頭に、メールの転
送であることを記載するとよい。

解答欄

06　ビジネス文書

―――――――――――――113―――――――――――――

上司や役員の承認を得るために作られるビジネス文書で、複数の上層部で回覧され承認を得る文書を漢字3文字で答えなさい。

解答欄 [　|　|　]

―――――――――――――114―――――――――――――

金銭の支払いが期日までにされないときに、支払いを相手に求めるために送付する文書を漢字3文字で答えなさい。

解答欄 [　|　|　]

―――――――――――――115―――――――――――――

次の文章の（　　　）に入る適切な語句を漢字2文字で答えなさい。
ビジネス上のおつき合いのために作成する、主に挨拶や儀礼的な文書・手紙を
（　　　）文書という。

解答欄 [　|　]

―――――――――――――116―――――――――――――

次の文章の（　　　）に入る適切な語句を2文字で答えなさい。
作成する文書の目的に合わせた内容をもれなく記載するためには、5（　　　）Hに沿って書くとよい。

解答欄 [　|　]

————————————117————————————

次の文章の（　　）に入る適切な語句を漢字1文字で答えなさい。
社内文書は基本的にはＡ4サイズの用紙に（　　）書きで作成するのがよい。

解答欄　　

————————————118————————————

次の文章の（　　）に入る適切な語句を漢字2文字で答えなさい。
拝啓・謹啓などを（　　）という。

解答欄　　

————————————119————————————

次の文章の（　　）に入る適切な語句を漢字2文字で答えなさい。
「前略」で書き出した文書の最後には、結語として「（　　）」を用いるのがよい。

解答欄　　

————————————120————————————

次の文章の（　　）に入る適切な語句を漢字2文字で答えなさい。
いただいた文書の返信は、まず頭語として（　　）を用いるのがよい。

解答欄

———————————121———————————

次の文章の（　　　）に入る適切な語句を数字1文字で答えなさい。
（　　　）月に書くビジネス文書の季節の挨拶は「晩冬の候」あるいは「余寒厳しき折柄」とするのがよい。

解答欄　

———————————122———————————

次の文章の（　　　）に入る適切な語句を数字1文字で答えなさい。
（　　　）月に書くビジネス文書の季節の挨拶は、「晩夏の候」あるいは「残暑の候」とするのがよい。

解答欄　

———————————123———————————

次の文章の（　　　）に入る適切な語句を漢字2文字で答えなさい。
ビジネス文書において、時候のあいさつの後には「貴社ますますご（　　　）のこととお喜び申し上げます」と入れる。「ご発展」や「ご繁栄」としてもよい。

解答欄　

———————————124———————————

次の文章の（　　　）に入る適切な語句を漢字2文字で答えなさい。
ビジネス文書の最後に「これまで以上に力を貸して助けをよろしく頼みたい」という意味の末文を入れるときは、「今後も（　　　）のご厚情を賜りたくお願い申し上げます」とするのがよい。

解答欄

07　訪問

————————————125————————————

次の文章の（　　　）に入る適切な語句を数字１文字で答えなさい。

商談で初めての相手を訪問するときは、（　　　）週間くらい前までにはアポイント
を取っておくのがよい。

解答欄

————————————126————————————

次の文章の（　　　）に入る適切な語句を漢字４文字で答えなさい。

訪問のアポイントメントをとるときは、相手に、用件、人数、（　　　）を伝え、相
手の都合に合わせるのがよい。

解答欄

————————————127————————————

次の文章の（　　　）に入る適切な語句を漢字２文字で答えなさい。

訪問先では受付で挨拶し、所属と氏名、面談相手の氏名、（　　　）の時間などを伝
えて取り次ぎを頼むのがよい。

解答欄

————————————128————————————

次の文章の（　　　）に入る適切な語句を漢字２文字で答えなさい。

訪問先で応接室に案内されたら、特に指示がなければ（　　　）の席に腰かけて、面
談相手が来るのを待つのがよい。

解答欄

―――――――――――――129―――――――――――――

次の文章の（　　　）に入る適切な語句を漢字2文字で答えなさい。
訪問先の応接室では、大きなバッグは椅子の横や（　　　）に置くのがマナーである。

解答欄

―――――――――――――130―――――――――――――

次の文章の（　　　）に入る適切な語句を漢字2文字で答えなさい。
初めての相手とは面談時に名刺交換を行う。この場合、訪問した側から、あるいは
（　　　）の人から先に、名刺を出して挨拶するのがよい。

解答欄

―――――――――――――131―――――――――――――

次の文章の（　　　）に入る適切な語句を漢字2文字で答えなさい。
訪問先で、部長、課長、担当者と名刺交換をすることになったので、まず（　　　）
に、氏名を名乗って挨拶し名刺を出した。

解答欄

―――――――――――――132―――――――――――――

次の文章の（　　　）に入る適切な語句を4文字で答えなさい。
名刺交換の後、受け取った名刺はすぐにしまわず、立っている間は（　　　）の上に
重ねておくのがよい。

解答欄

—————————————133—————————————

次の文章の（　　　　）に入る適切な語句を漢字1文字で答えなさい。
名刺は、その人自身を表すものとされており、（　　）で相手の名刺の氏名の部分を隠すようにして持ったり、その場で畳んだり折り返したりするのは避ける方がよい。

解答欄　☐

—————————————134—————————————

次の文章の（　　　　）に入る適切な語句をカタカナ3文字で答えなさい。
取引先を訪問した後は、当日中に感謝の（　　　　）を送るとよい。

解答欄　☐☐☐

—————————————135—————————————

次の文章の（　　　　）に入る適切な語句を漢字2文字で答えなさい。
個人宅を訪問する場合、和室では畳の縁や（　　　　）は踏まないように歩くのがマナーである。

解答欄　☐☐

—————————————136—————————————

次の文章の（　　　　）に入る適切な語句を漢字1文字で答えなさい。
個人宅を訪問した場合、玄関では相手に向かって（　　　　）向きで靴を脱ぎ、玄関の段差に上がる。

解答欄　☐

08　来客応対

―――――――――――――――137―――――――――――――――

次の文章の（　　　）に入る適切な語句を漢字2文字で答えなさい。

来客応対で必要な要素は、誠意、（　　　）、迅速、丁寧の4つである。

解答欄		

―――――――――――――――138―――――――――――――――

次の文章の（　　　）に入る適切な語句を8文字で答えなさい。

受付で来客を迎えたとき、受け取った名刺の読み方がわからなければ「失礼ですが、お名前は（　　　）すればよろしいでしょうか」と尋ねてもよい。

解答欄								

―――――――――――――――139―――――――――――――――

次の文章の（　　　）に入る適切な語句を5文字で答えなさい。

受付で来客を迎えたときは、相手の所属と氏名、名指し人の氏名、（　　　）メントの有無を確認して担当者に取り次ぐ。

解答欄				

―――――――――――――――140―――――――――――――――

次の文章の（　　　）に入る適切な語句を漢字2文字で答えなさい。

来客を応接室に案内するときには、「○○へご案内いたしますのでどうぞ」などと声をかけて、（　　　）の2～3歩先を歩くのがよい。

解答欄		

—————————————141—————————————

次の文章の（　　　）に入る適切な語句を漢字1文字で答えなさい。
来客を案内してエレベーターに乗るときには（エレベーター内にほかの人がいれば）、
（　　　）を押さえて、来客に先に乗ってもらうのがよい。

解答欄

—————————————142—————————————

次の文章の（　　　）に入る適切な語句を漢字2文字で答えなさい。
来客を案内して階段を上がるときには、「2 階にご案内します。どうぞお（　　　）
にお気をつけください」と、先に歩いてもらうことで、相手を見下ろす位置に立たな
いように気を付ける。

解答欄

—————————————143—————————————

次の文章の（　　　）に入る適切な語句を漢字2文字で答えなさい。
来客を案内するときは、客には廊下の（　　　）を歩いてもらうのがよい。

解答欄

—————————————144—————————————

次の文章の（　　　）に入る適切な語句を漢字1文字で答えなさい。
来客を応接室などに案内するとき、ドアが（　　　）開きの場合には「お先に失礼い
たします」と言ってから自分が先に入室する。

解答欄

—————————————145—————————————

次の文章の（　　　）に入る適切な語句を漢字2文字で答えなさい。
応接室に案内した客にお茶を出すときは、湯呑みを（　　　）に乗せて、来客の正面におくのがよい。

解答欄		

—————————————146—————————————

次の文章の（　　　）に入る適切な語句を5文字で答えなさい。
応接室に案内した客に冷たい飲み物を出すときは、先に（　　　）をテーブルに置き、その上にグラスを置くのがよい。

解答欄					

—————————————147—————————————

次の文章の（　　　）に入る適切な語句を漢字2文字で答えなさい。
来客をエレベーター前で見送るときは、エレベーターが動き出すまでお（　　　）をするのがよい。

解答欄		

—————————————148—————————————

次の文章の（　　　）に入る適切な語句を漢字1文字で答えなさい。
取引先を訪問した際に応接室に通された場合、出入口から一番遠い席が（　　　）座である。

解答欄	

01　組織の役割と責任

——————————149——————————

組織の要件として不適切なものは、次のうちのどれですか。

① 目的を共有すること

② 役割を分担すること

③ 秩序ある集団であること

④ 互いを疑わないこと

——————————150——————————

企業の定義を説明した文章で（　　　）に入る適切な言葉は、次のうちのどれですか。

「企業とは、資本と労働を用いて（　　　）ことを目的に、市場にもの（財）やサービスを提供する組織のことである。」

① 利潤を得る

② 信頼を勝ち取る

③ 秩序を保つ

④ 役割を分担する

3
知識編

——————————151——————————

企業のうち、地方公共団体が出資する・経営する企業は、次のうちのどれですか。

① 法人企業

② 公企業

③ 公共企業

④ 自治企業

—————————————152—————————————

会社企業のうち、有限責任社員の出資のみで経営される会社で、配当分配率や議決権を自由に決められる企業形態は、次のうちのどれですか。

① 有限会社

② 合同会社

③ 合名会社

④ 合資会社

—————————————153—————————————

企業の出資者のうち、その負債に対して無制限に責任を負う社員は、次のうちのどれですか。

① 無限責任社員

② 全責任社員

③ 無限出資社員

④ 無制限債務社員

—————————————154—————————————

株式会社における最高意思決定機関である会議は、次のうちのどれですか。

① 社員総会

② 代表取締役会

③ 経営決議会

④ 株主総会

人間関係を良好に保ち仕事を円滑に進める

ビジネスマナー
検定 準1級 解答編

[社会人新人研修レベル]

株式会社英光社

1 ビジネス一般に必要な態度

01 ビジネスパーソンとして大切なこと

001：① （テキスト P.12）

002：③ （テキスト P.12）

003：① （テキスト P.13）

004：① （テキスト P.13）

005：① （テキスト P.13）

006：① （テキスト P.14）

007：④ （テキスト P.15）

008：③ （テキスト P.16）

009：① （テキスト P.16）

010：③ （テキスト P.16）

011：② （テキスト P.16）

012：② （テキスト P.17）

02 仕事の進め方の基本

013：① （テキスト P.18）

014：① （テキスト P.19）

015：① （テキスト P.20）

016：① （テキスト P.20）

017：① （テキスト P.21）

018：④ （テキスト P.21）

019：③ （テキスト P.21）

020：① （テキスト P.21）

021：④ （テキスト P.22）

022：④ （テキスト P.22）

023：③ （テキスト P.22）

024：① （テキスト P.23）

03 ビジネスコミュニケーション

025：④ （テキスト P.24）

026：① （テキスト P.24）

027：② （テキスト P.25）

028：① （テキスト P.25）

029：② （テキスト P.25）

030：① （テキスト P.26）

031：② （テキスト P.26）

032：① （テキスト P.27）

033：① （テキスト P.27）

034：② （テキスト P.28）

035：③ （テキスト P.29）

036：④ （テキスト P.29）

04 学ぶ立場から考えるマナー

037：① （テキスト P.30）

038：④ （テキスト P.31）

039：② （テキスト P.31）

040：① （テキスト P.31）

041：④ （テキスト P.31）

042：③ （テキスト P.32）

043：④ （テキスト P.32）

044：③ （テキスト P.32）

045：④ （テキスト P.33）

046：① （テキスト P.33）

047：② （テキスト P.34）

048：① （テキスト P.34）

2 ビジネスマナーの技能

01 身だしなみ

02 挨拶と立ち居振る舞い

03 敬語と言葉遣い

04 電話応対

3　ビジネス一般に必要な知識

01　組織の役割と責任

149：④（テキスト P.109）
150：①（テキスト P.109）
151：②（テキスト P.110）
152：②（テキスト P.111）
153：①（テキスト P.111）
154：④（テキスト P.112）
155：②（テキスト P.112）
156：③（テキスト P.112）
157：④（テキスト P.112）
158：④（テキスト P.112）
159：③（テキスト P.113）
160：①（テキスト P.115）

02　組織の運営

161：①（テキスト P.117）
162：②（テキスト P.118）
163：③（テキスト P.119）
164：④（テキスト P.120）
165：②（テキスト P.120）
166：①（テキスト P.120）
167：④（テキスト P.122）
168：②（テキスト P.122）
169：①（テキスト P.123）
170：③（テキスト P.122）
171：④（テキスト P.123）
172：②（テキスト P.124）

03　企業と情報

173：①（テキスト P.125）
174：④（テキスト P.125）
175：②（テキスト P.126）
176：③（テキスト P.127）
177：①（テキスト P.128）
178：②（テキスト P.128）
179：④（テキスト P.129）
180：③（テキスト P.129）
181：①（テキスト P.130）
182：②（テキスト P.130）
183：④（テキスト P.133）
184：③（テキスト P.134）

04　冠婚葬祭の知識

185：④（テキスト P.135）
186：③（テキスト P.135）
187：④（テキスト P.137）
188：②（テキスト P.137）
189：②（テキスト P.137）
190：①（テキスト P.139）
191：①（テキスト P.139）
192：③（テキスト P.139）
193：②（テキスト P.140）
194：①（テキスト P.140）
195：②（テキスト P.142）
196：①（テキスト P.145）

模擬試験／第1回

問題01：①	問題21：行ってまいります	問題41：下座
問題02：④	問題22：お疲れ	問題42：部長
問題03：③	問題23：封筒	問題43：親切
問題04：①	問題24：お疲れ	問題44：中央
問題05：①	問題25：ないことです	問題45：コースター
問題06：③	問題26：生まれた	問題46：④
問題07：④	問題27：ください	問題47：②
問題08：②	問題28：簡潔	問題48：②
問題09：①	問題29：部署名	問題49：④
問題10：①	問題30：外して	問題50：①
問題11：④	問題31：遠い	問題51：④
問題12：④	問題32：コスト	問題52：④
問題13：④	問題33：Bcc	問題53：③
問題14：③	問題34：30	問題54：①
問題15：②	問題35：ご担当者	問題55：④
問題16：不快	問題36：稟議書	問題56：②
問題17：安全	問題37：W3	問題57：④
問題18：A4	問題38：草々	問題58：②
問題19：カジュアル	問題39：8	問題59：①
問題20：表情	問題40：1	問題60：①

模擬試験／第２回

模擬試験／第3回

問題01：③	問題21：ひじ	問題41：メール
問題02：①	問題22：45	問題42：アポイント
問題03：①	問題23：承知	問題43：足元
問題04：②	問題24：尊敬	問題44：茶托
問題05：①	問題25：ください	問題45：上
問題06：④	問題26：御社	問題46：②
問題07：①	問題27：お待たせ	問題47：④
問題08：①	問題28：復唱	問題48：④
問題09：②	問題29：日時	問題49：①
問題10：①	問題30：名指し人	問題50：③
問題11：③	問題31：Cc	問題51：①
問題12：①	問題32：2	問題52：①
問題13：①	問題33：件名	問題53：②
問題14：③	問題34：本文	問題54：②
問題15：①	問題35：社交文書	問題55：②
問題16：機能性	問題36：頭語	問題56：①
問題17：香水	問題37：2	問題57：③
問題18：場所	問題38：倍旧	問題58：④
問題19：差し障り	問題39：目下	問題59：②
問題20：世話	問題40：氏名	問題60：①

—————————————155—————————————

次の文章で（　　　）に入る適切な言葉は、次のうちのどれですか。
「株式会社では、株式は自由に売買でき、株主は株式の（　　　）を負
担するが、それ以上に義務を負うことはない。これを有限責任と言う。」
① 信頼性
② 引受価額
③ 売買手数料
④ 株価の低下分

—————————————156—————————————

次の文章で（　　　）に入る適切な言葉は、次のうちのどれですか。
「規模の大きい組織では、経営者自身がすべての資本金を出資し、同時
に経営を行うことは難しい。そのため（　　　）の分離がされているこ
とが多い。」
① 出資者と取締役
② 収入と支出
③ 資本と経営
④ 資産と負債

—————————————157—————————————

会社の業務遂行に関する意思決定を行う経営者層を指し、会社法では必
須の役職者は、次のうちのどれですか。
① 推進役
② 調査役
③ 監査役
④ 取締役

—————————————158—————————————

株主総会で選任され、取締役の職務の執行をチェックする役職は、次の
うちのどれですか。

① 会長

② 代表取締役

③ 監事

④ 監査役

解答欄

—————————————159—————————————

次の文章で（　　　　）に入る適切な言葉は、次のうちのどれですか。

「共通の目的を持った人たちが、その目的を達成するために組織した
（　　　　）組織を組合企業と言う。」

① 非営利

② 家族的

③ 相互扶助

④ 総合福祉

解答欄

—————————————160—————————————

企業はいくつかの業界に分けられますが、商品を仕入れて小売店などに
売る、モノを動かすことで利益を得る業界は、次のうちのどれですか。

① 商社

② 小売り

③ 流通

④ 運輸

解答欄

02　組織の運営

―――――――――――――161―――――――――――――

次の文章で（　　　）に入る適切な言葉は、次のうちのどれですか。

「企業において業務を効率よく進めるためには役割を分担する必要がある。その中で、ものをつくる、売る、などの部門を（　　　）と言う。」

① ライン部門

② タスク部門

③ マーケティング部門

④ メイン部門

―――――――――――――162―――――――――――――

企業の組織の中でスタッフ部門ではないものは、次のうちのどれですか。

① 人事

② 購買

③ 総務

④ 経理

―――――――――――――163―――――――――――――

次の文章で（　　　）に入る適切な言葉は、次のうちのどれですか。

「機能別組織の分類の中で、生産管理の中には工程管理・作業管理・原価管理・（　　　）が含まれる。」

① 経費管理

② 売上管理

③ 品質管理

④ 日程管理

3
知識編

—————————————164—————————————

次の文章で（　　　）に入る適切な言葉は、次のうちのどれですか。

「組織は業務を分担する中で階層化が行われる。大きく分けて経営者層、管理者層、（　　　）、一般社員層に分けられる。」

① 指示者層

② 監査者層

③ 業務者層

④ 監督者層

—————————————165—————————————

管理者層として適切なものは、次のうちのどれですか。

① 社長

② 部長

③ 班長

④ 係長

—————————————166—————————————

次の文章で（　　　）に入る適切な言葉は、次のうちのどれですか。

「企業のグローバル化に伴い、諸外国の企業と同様の役職名を用いる企業も増加している。そのうち最高経営責任者を（　　　）という。」

① CEO

② COO

③ CCO

④ CGO

———————————167———————————

次の文章で（　　　）に入る適切な言葉は、次のうちのどれですか。
「企業が利潤を追求するだけでなく、社会の一員として社会や環境にとって利益のある活動を行う考えを、（　　　）と言う。」
①　PR
②　CI
③　IR
④　CSR

———————————168———————————

次の文章で（　　　）に入る適切な言葉は、次のうちのどれですか。
「企業活動により影響を受ける人や組織を指すもので、株主・経営者、従業員、顧客、金融機関、地域社会などの利害関係者を（　　　）と言う。」
①　リスクサポーター
②　ステークホルダー
③　サービスアンカー
④　ステートメンバー

3
知識編

———————————169———————————

企業が株主や投資家向けに行う広報活動とは、次のうちのどれですか。
①　IR
②　PR
③　UR
④　VR

—————————————170—————————————

企業が、法令や規則に従うのはもちろん、道徳や倫理観に従い経営を行うことを示す言葉である「コンプライアンス」を日本語で言うと、次のうちのどれですか。

① 倫理憲章

② 顧客満足度

③ 法令順守

④ 経営理念

—————————————171—————————————

企業が正しい活動をするために体制を整える「企業統治」を意味するカタカナ用語は、次のうちのどれですか。

① コーポレートリサーチ

② コミュニケーションガイダンス

③ コーポレートガイダンス

④ コーポレートガバナンス

—————————————172—————————————

2015 年の国連サミットで採択された、2030 年までに達成を目指す環境に関する目標のことを SDGS と言いますが、最初の「S」の意味で適切なものは、次のうちのどれですか。

① ステートメント

② サスティナブル

③ センシティブ

④ スピーディ

03 企業と情報

——————————————173——————————————

経営の４大資源のうちで不適切なものは、次のうちのどれですか。

① 技術

② 物

③ 金

④ 情報

——————————————174——————————————

情報メディアのうち、テレビ、ラジオ、新聞など、不特定多数を対象にしているメディアとは、次のうちのどれですか。

① ソーシャルメディア

② ビッグメディア

③ メガメディア

④ マスメディア

——————————————175——————————————

ビジネスにおいて効果的に情報収集を行うために必要なことのうち不適切なものは、次のうちのどれですか。

① 目的を明確にする

② 膨大な情報を集める

③ 信頼できる情報源を選ぶ

④ 効率よく収集する

―――――――――――176―――――――――――

収集した多くの情報は有効活用していく必要がありますが、その方法として不適切なものは、次のうちのどれですか。

① 　関係するメンバーは組織で共有する

② 　データごと、関連する項目別に分類する

③ 　古い情報を長く保存する

④ 　関係者で意見交換する

解答欄

―――――――――――177―――――――――――

会議やミーティングの事務局として行うべき事前準備についての説明で不適切なものは、次のうちのどれですか。

① 　資料を用意し、当日配布する。

② 　オンライン会議の場合は全員が利用できるツールを設定する。

③ 　議長や発表者と事前打ち合わせを行う。

④ 　議案やテーマに応じて必要時間を設定する。

解答欄

―――――――――――178―――――――――――

会議の目的として不適切なものは、次のうちのどれですか。

① 　意思決定

② 　議論

③ 　問題解決

④ 　アイデア抽出

解答欄

—————————————179—————————————

ブレーンストーミングの説明として不適切なものは、次のうちのどれですか。

① 自由な雰囲気の中で多くの提案を引き出す
② 相手の意見を批判しない
③ 積極的にアイディアを出し合う
④ 大人数で情報共有を効果的に行う

—————————————180—————————————

会議座席の配置のうち不適切なものは、次のうちのどれですか。

① コの字式
② ロの字式
③ ハの字式
④ 円卓式

—————————————181—————————————

会議用語のうち、会議の議事を進めて議決するために必要な最低限の人数は、次のうちのどれですか。

① 定足数
② 定員数
③ 出席率数
④ 過不足数

————————————182————————————

会議において、賛否同数となった場合に議長が投じる票は、次のうちの
どれですか。

① チャンスボート

② キャスティングボート

③ チョイスボート

④ ディサイドボード

————————————183————————————

企業において情報漏洩は大問題ですが、そのために必要なことを述べた
もののうち不適切なものは、次のうちのどれですか。

① 想定されないようなパスワードを設定する

② OS を最新のものにアップデートしておく

③ 対策ソフトウエアを導入してウイルス対策をする

④ 部門内のデータはクラウド上に保存しない

————————————184————————————

企業においてデータが消滅してしまうことがないように、システムやデ
ータを別の場所に複製し保存しておくことは何というか、次のうちのど
れですか。

① データアップ

② ベースアップ

③ バックアップ

④ チェックアップ

04　冠婚葬祭の知識

————————————185————————————

冠婚葬祭のうち、「冠」にあてはまらないものは、次のうちのどれですか。

① 成人式
② 七五三
③ 出産
④ 七夕

————————————186————————————

慶事の正装のうち、男性が昼のパーティに着用するものは、次のうちのどれですか。

① アフタヌーンスーツ
② ランチョンスーツ
③ モーニングコート
④ ディナーコート

3
知識編

————————————187————————————

結婚にあたり事前に祝いを送るときには吉日の午前中に届けるのが基本とされていますが、吉日とされるものは、次のうちのどれですか。

① 赤口
② 六曜
③ 賀寿
④ 友引

—————————————188—————————————

結婚披露宴では、祝儀袋に現金を入れ、布に包んで持参しますが、この布は、次のうちのどれですか。

① 風呂敷
② 袱紗
③ 巾着袋
④ 懐紙

解答欄

—————————————189—————————————

ビジネスにおける立食パーティのマナーとして不適切なものは、次のうちのどれですか。

① 大きな荷物は前もってクロークに預ける
② コートは会場内で脱ぎ、空いている席においておく
③ 会場入り口で渡されるウエルカムドリンクはすぐに飲んでよい
④ 置かれている椅子に長時間座らず、会場内を回る

解答欄

—————————————190—————————————

夏の贈答であるお中元を送る時期で適切なものは、次のうちのどれですか。

① 7月15日ころ
② 7月20日ころ
③ 8月末ころ
④ 9月初旬ころ

解答欄

——————————191——————————

寒中お見舞いを送る時期で適切なものは、次のうちのどれですか。

① 1月7日頃から2月4日ころまで

② 1月15日ころから2月10日ころまで

③ 1月下旬から2月下旬まで

④ 12月20日から1月末まで

——————————192——————————

寒中見舞いの時期を逸した場合の季節の挨拶で適切なものは、次のうちのどれですか。

① 浅春お見舞い

② 薄春お見舞い

③ 余寒お見舞い

④ 残寒お見舞い

——————————193——————————

賀寿のうち、傘寿の数え年齢で適切なものは、次のうちのどれですか。

① 70歳

② 80歳

③ 90歳

④ 99歳

3
知識編

————————————194————————————

賀寿のうち、満六十歳の祝で適切なものは、次のうちのどれですか。

① 還暦

② 観暦

③ 環暦

④ 完暦

————————————195————————————

葬儀・告別式の身だしなみで不適切なものは、次のうちのどれですか。

① 喪服

② ３連のパールのネックレス

③ 数珠

④ 結婚指輪

————————————196————————————

葬儀に持参する現金を入れる袋の種類として適切なものは、次のうちの
どれですか。

① のしなし結びきり・白黒

② のし付き蝶結び・白銀

③ のし付き結びきり・黄白

④ のしなし蝶結び・白銀

第1回　ビジネスマナー検定模擬試験

【試験時間　90分】

●受験注意事項●
1．試験問題は、問題1部と解答用紙1枚があります。
2．試験問題は、全部で13ページです。
3．試験監督者の指示にしたがって、試験問題と解答用紙を確認してください。
4．ページ不足や違いがある人は、試験監督者まで申し出てください。

●受験者情報の確認について●
1．解答用紙には、あらかじめ『氏名』『フリガナ』『生年月日』を印字しています。誤りがある場合は『訂正欄』に訂正記入してください。（楷書で濃く・ハッキリと記入してください。）
2．氏名に特殊な文字を使用されている場合は、合格証書等に代替文字を使用する場合があります。

●解答用紙記入上の注意事項●
1．解答用紙は機械で処理します。下記の注意事項をよく読み、解答してください。
(1) 問題の解答（　）欄内の丸数字を解答用紙の丸数字と対応させ、[1] から [4] のうち1つだけ塗りつぶして（マークして）ください。（解答用紙に記載のマーク例をご確認ください。）
(2) 1つの欄に2箇所以上マークされている場合は、不正解となります。
(3) 単語記述の問題は、枠からはみでないように注意して、記入してください。
(3) 解答用紙の記入に使用できる筆記用具は、黒色の鉛筆かシャープペンシルで、HBまたはB以上の濃さのものです。
(4) ボールペンや万年筆、また黒色以外の筆記用具は使用できません。
(5) 訂正する場合は、プラスチック消しゴムでよく消してください。
(6) 記入が薄い場合や、消した跡が残っている場合などは、機械で正しく読み取れないため、採点対象外となります。
2．折り曲げたり汚したりしないでください。

1　ビジネスマナー一般に必要な態度

問題01：（　　　）に入る適切な言葉は、次のうちのどれですか。

「マナーとは、人間関係や（　　　）を保つために取るべき態度や行動のことである。」

解答欄

① 社会的秩序　　② 仕事の進捗

③ 倫理観　　　　④ 社会的価値

問題02：プロとして働くスタートを切るうえで大切な心がけとして不適切なものは、次のうちのどれですか。

① 当たり前のことが当たり前にできる人になる。

② どんなに小さな仕事にも全力で取り組む。

解答欄

③ 全力で仕事にまい進し周りからの信頼を得る。

④ 自分にできる仕事を選別し、その範囲で働く。

問題03：仕事でミスをしたときの対処として適切なものは、次のうちのどれですか。

① ミスはマイナス評価につながるので隠す。

② ギリギリまで自分一人で解決を図る。

解答欄

③ 事情を説明して上司の指示を受ける。

④ 上司や先輩に責任を負ってもらう。

問題04：次の働く上での基本姿勢の説明で適切なものは、次のうちのどれですか。

① 休憩時間以外は、自分の居場所は明確にしておき、席を立つときは周囲に声をかける。

② 上司に呼ばれたら「メモは必要か」と聞いてから席を立つようにする。

③ 仕事を引き受けるとき、わからないことがあってもまずはできそうなところから進める。

解答欄

④ 引き受けた仕事が終わらなければ、自己判断で責任を持って持ち帰る。

問題 05：仕事上でミスやクレームを受けたときの対応として不適切なものは、次の
うちのどれですか。

① 納得いくまで相手と話し合いを重ねる。

② すぐに上司や関係者に報告する。

③ 相手に誠意をもって謝罪する。

④ 最善策を上司と相談する。

解答欄

問題 06：（　　　　）に入る適切な言葉は、次のうちのどれですか。

「ビジネスでは、商品やサービスを提供する側の都合を優先さ
せない姿勢が大切で、これを（　　　　）意識という。」

① 原価　　　② 民主　　　③ 顧客　　　④ 財貨

解答欄

問題 07：仕事を締め切り間に合わせるための心がまえとして不適切なものは、次の
うちのどれですか。

① しっかり計画を立てる。

② 時間を無駄にしない。

③ 手際よく仕事を進める。

④ 残業をしてでも仕事を翌日まで持ち越さない。

解答欄

問題 08：コミュニケーションに例えられるスポーツの動作で適切なもの
は、次のうちのどれですか。

① スローイン　　　② キャッチボール

③ フリースロー　　　④ ブロック

解答欄

問題 09：上司とのコミュニケーションで大切なポイントのうち不適切なものは、次
のうちのどれですか。

① 価値観の違いは気にしない。

② 敬意をもって接する。

③ 素直にアドバイスを聞き入れる。

④ 指示の意図をしっかりつかむ。

解答欄

問題 10：効果的なコミュニケーションをとるために必要な正しい聞き方として不適切なものは、次のうちのどれですか。

① 聞いてもわからなかったことは慎重に憶測する。

② 反論があるときもまずは最後まで聞く。

③ 必要な事項は正確にメモを取る。

④ 先入観を持たず、受け入れる姿勢で聞く。

解答欄

問題 11：問題解決のために相談を行う上で不適切なものは、次のうちのどれですか。

① 解決策を相手に丸投げせず、自身の意見も伝える。

② 仕事内容を理解している人を選んで相談する。

③ 機密事項が漏洩しないよう配慮する。

④ 客観的な意見をもらうために社外の人に相談する。

解答欄

問題 12：（　　　）に入る言葉の組み合わせで適切なものは、次のうちのどれですか。

「学ぶことは（　）であるから、一人ひとりの（　）が尊重されるように、互いが精力的に学べるようにする必要がある。」

① 特典　　　② 自然　　　③ 義務　　　④ 権利

解答欄

問題 13：学校生活でさまざまな人間関係を構築するうえで必要なマナーとして適切なものは、次のうちのどれですか。

① 気の合わないクラスメートとは、あまり無理して付き合う必要はない。

② クラスメートは学ぶ場ではよきライバルとして、距離をとって接する。

③ 後輩には、上の立場から威圧的な態度で接する。

④ 先生には敬意をもって接する。

解答欄

問題 14：学校内での良識行動といえないものは、次のうちのどれですか。

① 制服を適切に着用する。

② お客様にきちんと挨拶する。

③ 廊下を走る。

④ 学ぶ場にふさわしい髪型に整える。

解答欄

問題 15：公共の場で思いやる行動を積極的にとることは、直接的ではなくともあなたのプラスになりますが、そのような考え方を述べた言葉は、次のうちのどれですか。

解答欄

① 因果応報　　　　　② 情けは人のためならず

③ 覆水盆に返らず　　　④ 案ずるより産むがやすし

2　ビジネスマナーの技能

問題 16：次の文章の（　　　）に入る適切な語句を漢字2文字で答えなさい。

身だしなみとは「人に（　　　）感を与えないように、言動や服装を整えること。また、その心がけ」をいう。

解答欄

問題 17：次の文章の（　　　）に入る適切な語句を漢字2文字で答えなさい。

効率的に仕事をするためには、作業中に袖や装飾が引っかからないなど、（　　　）性への配慮も必要である。

解答欄

問題 18：次の文章の（　　　）に入る適切な語句を2文字で答えなさい。

ビジネス場面にふさわしい持ち物のうち、バッグは、（　　　）サイズの書類を折らずに入れられるもの、床に置いたとき自立するもの、華美過ぎないデザインのものがよい。

解答欄

問題 19：次の文章の（　　　）に入る適切な語句を5文字で答えなさい。

ビジネス場面での身だしなみが多様化した中で、スーツスタイルほどかたすぎず、プライベートほど軽装ではない身だしなみが許容されてきた。これをオフィス（　　　）という。

解答欄

問題20：次の文章の（　　　　）に入る適切な語句を6文字で答えなさい。
　　　　挨拶をする場面で大切な要素には、（　　　　）や声の大きさ、話すスピードのほかにジェスチャーがある。

解答欄 ☐☐

問題21：次の文章の（　　　　）に入る適切な語句を8文字で答えなさい。
　　　　社内から外出するときには、上司や周囲の人に行先と場所を知らせたうえで、（　　　　）と挨拶言葉をかける。

解答欄 ☐☐☐☐☐☐☐☐

問題22：次の文章の（　　　　）に入る適切な語句を3文字で答えなさい。
　　　　先に退社する上司に声をかけるときには「ご苦労様でした」ではなく「（　　　　）様でした」とするのがよい。

解答欄 ☐☐☐

問題23：次の文章の（　　　　）に入る適切な語句を漢字2文字で答えなさい。
　　　　書類を手にして職場を歩くときには、内容が見えないように持つ配慮が求められる。できれば（　　　　）に入れて持ち運ぶ。

解答欄 ☐☐

問題24：次の文章の（　　　　）に入る適切な語句を3文字で答えなさい。
　　　　目上の人をねぎらうときは、「ご苦労様」ではなく「（　　　　）様でした」とするのがよい。

解答欄 ☐☐☐

問題25：次の文章の（　　　）に入る適切な語句を6文字で答えなさい。

上司からほめられたとき、自身を謙遜して使う表現は、「とんでもございません」ではなく「とんでも（　　　）」とするのが正しい

解答欄　□□□□□□

問題26：次の文章の（　　　）に入る適切な語句を4文字で答えなさい。

ものに尊敬表現は使わないので、「○○さんのお宅で、犬がお生まれになったそうだ」は「○○さんのお宅で、犬が（　　　）そうだ」とすればよい。

解答欄　□□□□

問題 27：お客様への言葉遣いで間違っている部分を正しく直すとき、（　　　）に入る適切な語句を4文字で答えなさい。

「お手数をおかけしますが、少しこちらでお待ちになられてください」
→「お手数をおかけしますが、少しこちらでお待ち（　　　）」

解答欄　□□□□

問題28：次の文章の（　　　）に入る適切な語句を漢字2文字で答えなさい。

電話は、相手の時間を拘束することになるので、迅速・正確・（　　　）な伝達を心がけるべきである。

解答欄　□□

問題29：次の文章の（　　　）に入る適切な語句を漢字2文字で答えなさい。

社内の電話を受けるときには、（　　　）名だけか、（　　　）名と氏名を名乗って挨拶するのがよい。

解答欄　□□

問題 30：次の文章の（　　　）に入る適切な語句を 3 文字で答えなさい。

　　　　電話を受けたが、名指し人が不在の時は、「あいにくただいま席を（　　　）おります」と言うのがよい。

解答欄　□┊□┊□

問題 31：次の文章の（　　　）に入る適切な語句を 2 文字で答えなさい。

　　　　電話を受けたが、相手の声が小さくて聞き取れない時は「恐れ入りますが、お電話が少々（　　　）ようですが」などと伝えるのがよい。

解答欄　□┊□

問題 32：次の文章の（　　　）に入る適切な語句を 3 文字で答えなさい。

　　　　ビジネスシーンで多く用いられるメールの利便性は、即時に大量の送信ができること、記録として残せること、もう一つは低（　　　）であることがあげられる。

解答欄　□┊□┊□

問題 33：次の文章の（　　　）に入る適切な語句を 3 文字で答えなさい。

　　　　メールの受信者全員に「このメールを送ったこと」を知られずに一斉送信する場合は、アドレスを（　　　）欄に入れるのがよい。

解答欄　□┊□┊□

問題 34：次の文章の（　　　）に入る適切な語句を数字 2 文字で答えなさい。

　　　　メールの一行の文字数は、25〜（　　　）文字程度にして、適宜改行すると読みやすい。

解答欄　□┊□

問題 35：次の文章の（　　　）に入る適切な語句を4文字で答えなさい。
　　　　「営業担当」と名乗る相手からのメールに返信するときのあて名は、営業
　　　　（　　　）様とするのがよい。

解答欄 ｜　｜　｜　｜　｜

問題 36：上司や役員の承認を得るために作られるビジネス文書で、複数の上層部で
　　　　回覧され承認を得る文書を漢字3文字で答えなさい。

解答欄 ｜　｜　｜　｜

問題 37：次の文章の（　　　）に入る適切な語句を2文字で答えなさい。
　　　　作成する文書の目的に合わせた内容をもれなく記載するためには、5
　　　　（　　　）Hに沿って書くとよい。

解答欄 ｜　｜　｜

問題 38：次の文章の（　　　）に入る適切な語句を漢字2文字で答えなさい。
　　　　「前略」で書き出した文書の最後には、結語として「（　　　）」を用い
　　　　るのがよい。

解答欄 ｜　｜　｜

問題 39：次の文章の（　　　）に入る適切な語句を数字1文字で答えなさい。
　　　　（　　　）月に書くビジネス文書の季節の挨拶は、「晩夏の候」あるいは
　　　　「残暑の侯」とするのがよい。

解答欄 ｜　｜

問題 40：次の文章の（　　　）に入る適切な語句を数字1文字で答えなさい。
　　　　商談で初めての相手を訪問するときは、（　　　）週間くらい前までには
　　　　アポイントを取っておくのがよい。

解答欄 ｜　｜

問題41：次の文章の（　　　）に入る適切な語句を漢字2文字で答えなさい。
　　　　訪問先で応接室に案内されたら、特に指示がなければ（　　　）に腰かけて、面談相手が来るのを待つのがよい。

解答欄 [　　　　|　　　]

問題42：次の文章の（　　　）に入る適切な語句を漢字2文字で答えなさい。
　　　　訪問先で、部長、課長、担当者と名刺交換をすることになったので、まず（　　　）に、氏名を名乗って挨拶し名刺を出した。

解答欄 [　　　　|　　　]

問題43：次の文章の（　　　）に入る適切な語句を漢字2文字で答えなさい。
　　　　来客応対で必要な要素は、誠意、（　　　）、迅速、丁寧の4つである。

解答欄 [　　　　|　　　]

問題44：次の文章の（　　　）に入る適切な語句を漢字2文字で答えなさい。
　　　　来客を案内するときは、客には廊下の（　　　）を歩いてもらうのがよい。

解答欄 [　　　　|　　　]

問題45：次の文章の（　　　）に入る適切な語句を5文字で答えなさい。
　　　　応接室に案内した客に冷たい飲み物を出すときは、先に（　　　）をテーブルに置き、その上にグラスを置くのがよい。

解答欄 [　|　|　|　|　]

3 ビジネス一般に必要な知識

問題 46：組織の要件として不適切なものは、次のうちのどれですか。

　　　① 目的を共有すること

　　　② 役割を分担すること

　　　③ 秩序ある集団であること

　　　④ 互いを疑わないこと

解答欄

問題 47：会社企業のうち、有限責任社員の出資のみで経営される会社で、配当分配率や議決権を自由に決められる企業形態は、次のうちのどれですか。

　　　① 有限会社　　　② 合同会社

　　　③ 合名会社　　　④ 合資会社

解答欄

問題 48：次の文章で（　　　　）に入る適切な言葉は、次のうちのどれですか。

　　　「株式会社では、株式は自由に売買でき、株主は株式の（　　　　）を負担するが、それ以上に義務を負うことはない。これを有限責任と言う。」

　　　① 信頼性　　　　　② 引受価額

　　　③ 売買手数料　　　④ 株価の低下分

解答欄

問題 49：株主総会で選任され、取締役の職務の執行をチェックする役職は、次のうちのどれですか。

　　　① 会長　　　② 代表取締役

　　　③ 監事　　　④ 監査役

解答欄

問題 50：次の文章で（　　　）に入る適切な言葉は、次のうちのどれですか。

「企業において業務を効率よく進めるためには役割を分担する必要がある。その中で、ものをつくる、売る、などの部門を（　　　）と言う。」

解答欄

① 　ライン部門　　　　　　② 　タスク部門

③ 　マーケティング部門　　④ 　メイン部門

問題 51：次の文章で（　　　）に入る適切な言葉は、次のうちのどれですか。

「組織は業務を分担する中で階層化が行われる。大きく分けて経営者層、管理者層、（　　　）、一般社員層に分けられる。」

解答欄

① 　指示者層　　　② 　監査者層

③ 　業務者層　　　④ 　監督者層

問題 52：次の文章で（　　　）に入る適切な言葉は、次のうちのどれですか。

「企業が利潤を追求するだけでなく、社会の一員として社会や環境にとって利益のある活動を行う考えを、（　　　）と言う。」

解答欄

① 　PR　　　② 　CI　　　③ 　IR　　　④ 　CSR

問題 53：企業が、法令や規則に従うのはもちろん、道徳や倫理観に従い経営を行うことを示す言葉である「コンプライアンス」を日本語で言うと、次のうちのどれですか。

解答欄

① 　倫理憲章　　　② 　顧客満足度

③ 　法令順守　　　④ 　経営理念

問題 54：経営の４大資源のうちで不適切なものは、次のうちのどれですか。

① 　技術　　　② 　物　　　③ 　金　　　④ 　情報

解答欄

問題 55：ブレーンストーミングの説明として不適切なものは、次のうちのどれですか。

① 自由な雰囲気の中で多くの提案を引き出す

② 相手の意見を批判しない

③ 積極的にアイディアを出し合う

④ 大人数で情報共有を効果的に行う

解答欄

問題 56：会議において、賛否同数となった場合に議長が投じる票は、次のうちのどれですか。

① チャンスボート　　　② キャスティングボート

③ チョイスボート　　　④ ディサイドボード

解答欄

問題 57：冠婚葬祭のうち、「冠」にあてはまらないものは、次のうちのどれですか。

① 成人式　　② 七五三

③ 出産　　　④ 七夕

解答欄

問題 58：結婚披露宴では、祝儀袋に現金を入れ、布に包んで持参しますが、この布は、次のうちのどれですか。

① 風呂敷　　② 袱紗

③ 巾着袋　　④ 懐紙

解答欄

問題 59：寒中お見舞いを送る時期で適切なものは、次のうちのどれですか。

① 1月7日頃から2月4日ころまで

② 1月15日ころから2月10日ころまで

③ 1月下旬から2月下旬まで

④ 12月20日から1月末まで

解答欄

問題60：賀寿のうち、満六十歳の祝で適切なものは、次のうちのどれですか。

①　還暦　　　②　観暦　　　③　環暦　　　④　完暦

解答欄

──────────────── 終了 ────────────────

第2回　ビジネスマナー検定模擬試験

【試験時間　90分】

●受験注意事項●
1. 試験問題は、問題1部と解答用紙1枚があります。
2. 試験問題は、全部で12ページです。
3. 試験監督者の指示にしたがって、試験問題と解答用紙を確認してください。
4. ページ不足や違いがある人は、試験監督者まで申し出てください。

●受験者情報の確認について●
1. 解答用紙には、あらかじめ『氏名』『フリガナ』『生年月日』を印字しています。誤りがある場合は『訂正欄』に訂正記入してください。（楷書で濃く・ハッキリと記入してください。）
2. 氏名に特殊な文字を使用されている場合は、合格証書等に代替文字を使用する場合があります。

●解答用紙記入上の注意事項●
1. 解答用紙は機械で処理します。下記の注意事項をよく読み、解答してください。
(1) 問題の解答（　）欄内の丸数字を解答用紙の丸数字と対応させ、[1] から [4] のうち1つだけ塗りつぶして（マークして）ください。（解答用紙に記載のマーク例をご確認ください。）
(2) 1つの欄に2箇所以上マークされている場合は、不正解となります。
(3) 単語記述の問題は、枠からはみでないように注意して、記入してください。
(3) 解答用紙の記入に使用できる筆記用具は、黒色の鉛筆かシャープペンシルで、HBまたはB以上の濃さのものです。
(4) ボールペンや万年筆、また黒色以外の筆記用具は使用できません。
(5) 訂正する場合は、プラスチック消しゴムでよく消してください。
(6) 記入が薄い場合や、消した跡が残っている場合などは、機械で正しく読み取れないため、採点対象外となります。
2. 折り曲げたり汚したりしないでください。

1 ビジネスマナー一般に必要な態度

問題 01：学生と社会人とでは本分が異なりますが、本分の意味として適切なものは、次のうちのどれですか。

① 生活の中心となる本来の務め

② 社会での役割

③ 本来の自分

④ 生活の基盤となる場所

解答欄

問題02：（　　　）に入る適切な言葉は、次のうちのどれですか。

「働く上では、いかに戦力になれるかを考え、貢献することで（　　　）になることを目標にすべきである。」

① 人財　　　　② 人材

③ 人罪　　　　④ 人在

解答欄

問題03：仕事への心構えとして不適切なものは、次のうちのどれですか。

① 率先して仕事をする。

② 時間を有効活用する。

③ 尊大な姿勢で取り組む。

④ 心身の健康管理をする。

解答欄

問題 04：社会人として必要な心身の管理についての説明で不適切なものは、次のうちのどれですか。

① ストレスはすべてが悪いわけではないと考える。

② 朝はぎりぎりまで睡眠時間に充てる。

③ 食事はバランスよく食べる。

④ 適度に運動をする。

解答欄

問題05：次の職場での行動のうち適切なものは、次のうちのどれですか。

① 会議中は、スマートフォンはマナーモードにしておいた。

② 受付で、手が空いていたので頬杖をついて客を待った。

③ 朝早く出社したので、パソコンのそばで食事をとった。

④ 昼休み中、パソコンで週末の旅行情報を検索した。

解答欄

問題06：（　　　）に入る適切な言葉は、次のうちのどれですか。

「ビジネスパーソンに求められる最も基本的な姿勢は、組織の（　　　）を理解し、目標達成に貢献しようとする姿勢である。」

① 基本理念　　　② 損益分岐点

③ 沿革　　　　　④ 福利厚生

解答欄

問題07：目標意識をもって働くことのメリットについて述べたもののうち不適切なものは、次のうちのどれですか。

① 特定の仕事についてのスキルが上がる。

② 仕事の目的や背景に考えが及ぶ。

③ 目標設定や自分なりの工夫が生まれる。

④ 独自のノウハウが蓄積できる。

解答欄

問題08：（　　　）に入る適切な言葉は、次のうちのどれですか。

「限られた時間で効率よく仕事を進める『時間意識』をもつことは、企業の（　　　）削減につながる。」

① リスク　　　　② ダスト

③ コスト　　　　④ タスク

解答欄

問題09：人間関係づくりの基本姿勢として不適切なものは、次のうちのどれですか。

① 相手を受け入れる姿勢

② 相手を知ろうと努力する姿勢

③ 相手の良いところを見る姿勢

④ 服装や持ち物から判断する姿勢

解答欄

問題 10：ビジネスにおける情報交換のコミュニケーションとして不適切なものは、次のうちのどれですか。

① とにかく短時間で伝える。

② 相手の立場になって伝える。

③ 相手に正しく伝える。

④ 相手の気持ちをくみ取る。

解答欄

問題 11：後輩とのコミュニケーションで大切なポイントのうち不適切なものは、次のうちのどれですか。

① 意見を頭ごなしに否定しない。

② 公私にわたって親しくかかわる。

③ 困っているようなら進んでサポートする。

④ 自分のやり方を一方的に押し付けない。

解答欄

問題 12：職場における報告のルールとして不適切なものは、次のうちのどれですか。

① 指示を受けた上司に報告する。

② 悪い報告よりよい報告を優先する。

③ 緊急性の高い内容から報告する。

④ まずは結論を話し、必要に応じて経緯を伝える。

解答欄

問題 13：（　　　）に入る言葉の組み合わせで適切なものは、次のうちのどれですか。

「親しき仲にも（　　）あり」

① 敬意　　　　　② 礼儀

③ 尊敬　　　　　④ 恩義

解答欄

問題 14：公共の場でのマナーとして適切なものは、次のうちのどれですか。

① スマートフォンから音楽やゲーム音が漏れている。

② 混雑した街中でアイスクリームを食べる。

③ 店の前でしゃがみこんで話をする。

④ 電車で困っている人に座席を譲る。

解答欄

問題 15：地球の一員として気をつけたいこととして不適切なものは、次のうちのどれですか。

① プラスティックストローを積極的に使う。

② ごみを適切に分別する。

③ レジ袋削減に取り組む。

④ マイボトルを活用する。

解答欄

2　ビジネスマナーの技能

問題 16：次の文章の（　　　）に入る適切な語句を漢字2文字で答えなさい。

身だしなみとは、年齢・性別・経験・価値観などの異なる人々で構成される社会において、多くの相手から（　　　）を得るための気配りのことである。

解答欄

問題 17：次の文章の（　　　）に入る適切な語句を漢字1文字で答えなさい。

男性の身だしなみでは、スーツやワイシャツ、ネクタイなどの服装の他、靴下や（　　　）にも注意を払う必要がある。

解答欄

問題 18：次の文章の（　　　）に入る適切な語句を漢字4文字で答えなさい。

ビジネスパーソンに必要な持ち物は、名刺・手帳・（　　　）・時計・スマートフォン（携帯電話）・ビジネスバッグ・眼鏡（必要な人は）である。

解答欄

問題 19：エネルギーの無駄遣いを避けるため、夏にジャケットやネクタイを着用しないことで、冷房を低めに設定できるようにする商習慣を5文字で答えなさい。

解答欄

4 模擬試験第2回

問題20：次の文章の（　　　）に入る適切な語句を7文字で答えなさい。
　　　　挨拶の基本として、まずは相手とアイ（　　　）をして「あなたに声をかけています」という心を伝えることが大切だ。

解答欄　｜　　｜　　｜　　｜　　｜

問題21：次の文章の（　　　）に入る適切な語句を3文字で答えなさい。
　　　　退社するときには、周りの人に「何か、お（　　　）することはありませんか」と声をかけ、なければ「お先に失礼します」と挨拶して退社する。

解答欄　｜　　｜　　｜

問題22：次の文章の（　　　）に入る適切な語句を漢字2文字で答えなさい。
　　　　礼儀正しい挨拶には、まず美しい立ち姿勢が求められる。まっすぐ背筋を伸ばして軽く胸を張り、女性は両手の（　　　）を揃えて体の前で重ねる。

解答欄　｜　　｜

問題23：次の文章の（　　　）に入る適切な語句を2文字で答えなさい。
　　　　相手に傘やペンなどすぐに使うものを手渡すときは、相手が使いやすいように（　　　）を変えて手渡すのがよい。

解答欄　｜　　｜

問題24：次の文章の（　　　）に入る適切な語句を漢字2文字で答えなさい。
　　　　目上の方の話を聞いて感想を述べるときには「参考になりました」ではなく「（　　　）になりました」とするのがよい。

解答欄　｜　　｜

問題 25：次の文章の（　　　）に入る適切な語句を2文字で答えなさい。

上司に資料を渡すときは「こちらが資料のほうになります」ではなく「こちらが資料（　　　）」とするのがよい。

解答欄

問題 26：上司への言葉遣いで間違っている部分を正しく直すとき、（　　　）に入る適切な語句を4文字で答えなさい。

「明日は大阪にいらっしゃられるご予定です」

→「明日は大阪にい（　　　）るご予定です」

解答欄

問題 27：お客様への言葉遣いで間違っている部分を正しく直すとき、（　　　）に入る適切な語句を6文字で答えなさい。

「山本様でございますね」

→「山本様で（　　　）ますね」

解答欄

問題 28：次の文章の（　　　）に入る適切な語句を漢字2文字で答えなさい。

電話は、相手の時間を拘束することになるので、始業時間の前後、週明けの午前中・（　　　）時間前後などは避けるなど、相手への配慮が求められる。

解答欄

問題 29：次の文章の（　　　）に入る適切な語句を3文字で答えなさい。

電話で用件を伝えるときは、恐れ入りますが、あいにくですが、の他に「手間をかけて申し訳ないが」の意味で「（　　　）をおかけしますが」などのクッション言葉を用いるとよい。

解答欄

問題30：次の文章の（　　　）に入る適切な語句を4文字で答えなさい。

　　　　電話を受けたが、名指し人が不在だったため、代わりに用件を聞いたとき
　　　　は「確かに担当者に（　　　）ます」と話し、責任をもって伝言すること
　　　　を伝える。

　　　　　　　　　　　　　　　　　　解答欄 ⬛ ｜ ｜ ｜

問題31：次の文章の（　　　）に入る適切な語句を漢字3文字で答えなさい。

　　　　電話を受けたが、相手が社名を名乗らない場合は「失礼ですが、（　　　）
　　　　を伺ってよろしいでしょうが」と尋ねるとよい。

　　　　　　　　　　　　　　　　　　解答欄 ⬛ ｜ ｜

問題32：次の文章の（　　　）に入る適切な語句を漢字2文字で答えなさい。

　　　　ビジネスメールのデメリットは、誤送信による情報漏洩の危険があること、
　　　　緊急の要件には向かないこと、そして（　　　）が伝わりづらいことが挙
　　　　げられる。そのため、お詫びやお悔みの用件をメールで伝えるのは避けた
　　　　ほうがよい。

　　　　　　　　　　　　　　　　　　解答欄 ⬛ ｜

問題33：次の文章の（　　　）に入る適切な語句を1文字で答えなさい。

　　　　メールの本文はすべて（　　　）詰めで、行頭を一マス開ける必要はない。
　　　　また署名も（　　　）寄せにする。

　　　　　　　　　　　　　　　　　　解答欄 ⬛

問題34：次の文章の（　　　）に入る適切な語句を漢字2文字で答えなさい。

　　　　メールに添付ファイルをつける場合は、その旨本文に記載する。メールの
　　　　容量が大きい場合、データを（　　　）して添付するのがよい。

　　　　　　　　　　　　　　　　　　解答欄 ⬛ ｜

問題 35：次の文章の（　　　）に入る適切な語句を2文字で答えなさい。
　　　　　メールを返信の際しては、まずは連絡に対する（　　）を伝え、その上で返信の内容を記載するとい。

　　　　　　　　　　　　　　　　　　　解答欄　｜　　　｜　　　｜

問題 36：金銭の支払いが期日までにされないときに、支払いを相手に求めるために送付する文書を漢字3文字で答えなさい。

　　　　　　　　　　　　　　　　　　　解答欄　｜　　　｜　　　｜

問題 37：次の文章の（　　　）に入る適切な語句を1文字で答えなさい。
　　　　　社内文書は基本的には Ａ4サイズの用紙に（　　　）書きで作成するのがよい。

　　　　　　　　　　　　　　　　　　　解答欄　｜　　　｜

問題 38：次の文章の（　　　）に入る適切な語句を漢字2文字で答えなさい。
　　　　　いただいた文書の返信は、まず頭語として（　　　）を用いるのがよい。

　　　　　　　　　　　　　　　　　　　解答欄　｜　　　｜　　　｜

問題 39：次の文章の（　　　）に入る適切な語句を漢字2文字で答えなさい。
　　　　　ビジネス文書において、時候のあいさつの後には「貴社ますますご（　　　）のこととお喜び申し上げます」と入れる。「ご発展」や「ご繁栄」としてもよい。

　　　　　　　　　　　　　　　　　　　解答欄　｜　　　｜　　　｜

問題 40：次の文章の（　　　）に入る適切な語句を漢字4文字で答えなさい。
　　　　　訪問のアポイントメントをとるときは、相手に、用件、人数、（　　　）を伝え、相手の都合に合わせるのがよい。

　　　　　　　　　　　　　　　　解答欄　｜　　　｜　　　｜　　　｜

問題41：次の文章の（　　　）に入る適切な語句を漢字2文字で答えなさい。
　　　　訪問先の応接室では、大きなバッグは椅子の横や（　　　）に置くのがマナーである。

解答欄 [　　|　]

問題42：次の文章の（　　　）に入る適切な語句を4文字で答えなさい。
　　　　名刺交換の後、受け取った名刺はすぐにしまわず、立っている間は（　　　）の上に重ねておくのがよい。

解答欄 [　|　|　|　]

問題43：次の文章の（　　　）に入る適切な語句を8文字で答えなさい。
　　　　受付で来客を迎えたとき、受け取った名刺の読み方がわからなければ「失礼ですが、お名前は（　　　）すればよろしいでしょうか」と尋ねてもよい。

解答欄 [　|　|　|　|　|　|　|　]

問題44：次の文章の（　　　）に入る適切な語句を1文字で答えなさい。
　　　　来客を応接室などに案内するとき、ドアが（　　　）開きの場合には「お先に失礼いたします」と言ってから自分が先に入室する。

解答欄 [　]

問題45：次の文章の（　　　）に入る適切な語句を漢字2文字で答えなさい。
　　　　来客をエレベーター前で見送るときは、エレベーターが動き出すまでお（　　　）をするのがよい。

解答欄 [　|　]

3　ビジネス一般に必要な知識

問題 46：企業の定義を説明した文章で（　　　）に入る適切な言葉は、次のうちのどれですか。

「企業とは、資本と労働を用いて（　　　）ことを目的に、市場にもの（財）やサービスを提供する組織のことである。」

① 利潤を得る　　　　② 信頼を勝ち取る

③ 秩序を保つ　　　　④ 役割を分担する

解答欄

問題 47：企業の出資者のうち、その負債に対して無制限に責任を負う社員は、次のうちのどれですか。

① 無限責任社員　　　　② 全責任社員

③ 無限出資社員　　　　④ 無制限債務社員

解答欄

問題 48：次の文章で（　　　）に入る適切な言葉は、次のうちのどれですか。

「規模の大きい組織では、経営者自身がすべての資本金を出資し、同時に経営を行うことは難しい。そのため（　　　）の分離がされていることが多い。」

① 出資者と取締役　　　　② 収入と支出

③ 資本と経営　　　　　　④ 資産と負債

解答欄

問題 49：次の文章で（　　　）に入る適切な言葉は、次のうちのどれですか。

「共通の目的を持った人たちが、その目的を達成するために組織した（　　　）組織を組合企業と言う。」

① 非営利　　　　② 家族的

③ 相互扶助　　　④ 総合福祉

解答欄

問題 50：企業の組織の中でスタッフ部門ではないものは、次のうちのどれですか。

① 人事　　　　② 購買

③ 総務　　　　④ 経理

解答欄

問題 51：管理者層として適切なものは、次のうちのどれですか。

① 社長　　　　　　② 部長

③ 班長　　　　　　④ 係長

解答欄

問題 52：次の文章で（　　　）に入る適切な言葉は、次のうちのどれですか。

「企業活動により影響を受ける人や組織を指すもので、株主・経営者、従業員、顧客、金融機関、地域社会などの利害関係者を（　　　）と言う。」

① リスクサポーター　　　② ステークホルダー

③ サービスアンカー　　　④ ステートメンバー

解答欄

問題 53：企業が正しい活動をするために体制を整える「企業統治」を意味するカタカナ用語は、次のうちのどれですか。

① コーポレートリサーチ

② コミュニケーションガイダンス

③ コーポレートガイダンス

④ コーポレートガバナンス

解答欄

問題 54：情報メディアのうち、テレビ、ラジオ、新聞など、不特定多数を対象にしているメディアとは、次のうちのどれですか。

① ソーシャルメディア　　　② ビッグメディア

③ メガメディア　　　　　　④ マスメディア

解答欄

問題 55：会議座席の配置のうち不適切なものは、次のうちのどれですか。

① コの字式　　　　② ロの字式

③ ハの字式　　　　④ 円卓式

解答欄

問題 56：企業において情報漏洩は大問題ですが、そのために必要なことを述べたもののうち不適切なものは、次のうちのどれですか。

① 想定されないようなパスワードを設定する
② OS を最新のものにアップデートしておく
③ 対策ソフトウエアを導入してウイルス対策をする
④ 部門内のデータはクラウド上に保存しない

問題 57：慶事の正装のうち、男性が昼のパーティに着用するものは、次のうちのどれですか。

① アフタヌーンスーツ　　② ランチョンスーツ
③ モーニングコート　　④ ディナーコート

問題 58：ビジネスにおける立食パーティのマナーとして不適切なものは、次のうちのどれですか。

① 大きな荷物は前もってクロークに預ける
② コートは会場内で脱ぎ、空いている席においておく
③ 会場入り口で渡されるウエルカムドリンクはすぐに飲んでよい
④ 置かれている椅子に長時間座らず、会場内を回る

問題 59：寒中見舞いの時期を逸した場合の季節の挨拶で適切なものは、次のうちのどれですか。

① 浅春お見舞い　　② 薄春お見舞い
③ 余寒お見舞い　　④ 残寒お見舞い

問題 60：葬儀・告別式の身だしなみで不適切なものは、次のうちのどれですか。

① 喪服
② ３連のパールのネックレス
③ 数珠
④ 結婚指輪

解答欄

―――――――― 終了 ――――――――

≪≪≪≪≪≪ 若者に忍び寄る魔の手 ≫≫≫≫≫≫

高校生になると交際範囲が広がります。スマートフォンで見知らぬ人と出会う機会もあるでしょう。ただし、そこには落とし穴が潜んでいる可能性もあることを知っておきましょう。薬物・悪徳商法は、決して遠い世界の話ではありません。アルバイトの中にも犯罪につながるものや、自らの行動で騒動となることもあります。ここでは、身近にある"リスク"を紹介します。

薬 物

知人から大麻を勧められた。好奇心から吸ってしまったところやめられなくなってしまった。その後、警察に逮捕されてしまった。

キャッチセールス

繁華街で「タレントにならないか」と声をかけられ、興味があったので芸能事務所へ同行した。タレントとして活躍するには養成スクールでしばらくレッスンを受ける必要があると言われ、高額だったがスクールへの入所契約をしてしまった。

デート商法

マッチングアプリで知り合った相手との初デートで、高額なアクセサリーの購入を勧められた。断ったら相手に嫌われてしまうと思い、クレジットカードで購入してしまった。

アルバイト

受け子 繁華街で同世代の若者から「日当5万円のバイトがあるけどやらない?」と声を掛けられた。金額に目がくらみ同意したところ、電話で指示されるとおりに行動し、お年寄りから荷物を預かるだけの仕事だった。しかし、実はその荷物はお金で、知らないうちにオレオレ詐欺に加担してしまっていた。その後、警察に逮捕されてしまった。

ブラックバイト バイト先の人手が足りないため、シフトをたくさん入れられている。多すぎて疲労してしまい、授業中に寝てしまう。試験前も休ませてもらえない。その上残業代も出ない。

マルチ商法

先輩から「簡単に稼げるビジネスがある」と誘われセミナーに参加したところ、健康食品の購入を勧められた。高額だったため断ったが「他の人を紹介すれば紹介料が入るからすぐに元は取れる」と長時間説得され、カードローンを利用して購入してしまった。多くの友人に熱心に紹介したところ、誰も購入してくれず、だんだんと距離を置かれるようになってしまった。

情報商材

SNSで知り合った人から「日本円を暗号資産に換えて海外事業者の専用口座に送金すると高い利息がつく」と勧誘され、40万円を暗号資産に換えて専用口座に送金した。しかし、後日出金しようとしたらできなかった。

バイトテロ  バイト先の厨房にある大型冷蔵庫にふざけて入り、その写真をSNSに投稿したところ炎上してしまった。バイト先は休業し冷蔵庫を洗浄することになったため、損害賠償を請求された。

名義貸し 知人から「消費者金融からお金を借りたいけど、自分名義ではもう借りることができないので、悪いけどあなたの名義でカードを作って私に使わせてくれない?借りたお金は私が責任をもって返すし、お礼に10万円あげるから。」と言われた。借りたお金は自分で返すと言っているし、謝礼ももらえるからと言うとおりにしたところ、知人が返済せずに逃げてしまった。借りたお金は親に経緯を話して弁済してもらった。

第3回　ビジネスマナー検定模擬試験

【試験時間　90分】

●受験注意事項●
1．試験問題は、問題1部と解答用紙1枚があります。
2．試験問題は、全部で12ページです。
3．試験監督者の指示にしたがって、試験問題と解答用紙を確認してください。
4．ページ不足や違いがある人は、試験監督者まで申し出てください。

●受験者情報の確認について●
1．解答用紙には、あらかじめ『氏名』『フリガナ』『生年月日』を印字しています。誤りがある場合は『訂正欄』に訂正記入してください。（楷書で濃く・ハッキリと記入してください。）
2．氏名に特殊な文字を使用されている場合は、合格証書等に代替文字を使用する場合があります。

●解答用紙記入上の注意事項●
1．解答用紙は機械で処理します。下記の注意事項をよく読み、解答してください。
(1) 問題の解答（　）欄内の丸数字を解答用紙の丸数字と対応させ、[1] から [4] のうち1つだけ塗りつぶして（マークして）ください。（解答用紙に記載のマーク例をご確認ください。）
(2) 1つの欄に2箇所以上マークされている場合は、不正解となります。
(3) 単語記述の問題は、枠からはみでないように注意して、記入してください。
(3) 解答用紙の記入に使用できる筆記用具は、黒色の鉛筆かシャープペンシルで、HBまたはB以上の濃さのものです。
(4) ボールペンや万年筆、また黒色以外の筆記用具は使用できません。
(5) 訂正する場合は、プラスチック消しゴムでよく消してください。
(6) 記入が薄い場合や、消した跡が残っている場合などは、機械で正しく読み取れないため、採点対象外となります。
2．折り曲げたり汚したりしないでください。

1　ビジネスマナー一般に必要な態度

問題01：（　　　　）に入る適切な言葉は、次のうちのどれですか。

「ビジネスマナーとは、組織・企業の一員として求められる

（　　　　）ある行動のことである。」

① 意識　　　　　　　② 見識

③ 良識　　　　　　　④ 学識

解答欄

問題02：（　　　　）に入る適切な言葉は、次のうちのどれですか。

「働くことの意味は、経済的自立とやりがい、そして

（　　　　）である。」

① 社会への参画　　　② 家族の支援

③ 人間関係の拡大　　④ 趣味との両立

解答欄

問題 03：仕事への心構えに大切な「謙虚な姿勢」として不適切なものは、次のうち

のどですか。

① あいまいな点は必ず確認する。

② わからない仕事は引き受けない。

③ まずは先輩のやり方を真似る。

④ ミスをしたらすぐに報告して謝罪する。

解答欄

問題 04：率先して仕事に取り組む姿勢として適切なものは、次のうちのどれですか。

① 率先して会議で発言し、自分の主張を押し通す。

② 新しい仕事に進んで取り組む。

③ 自分の仕事より先輩の仕事を優先する。

④ 始業時間より早く来て仕事を始める。

解答欄

問題 05：次の職場での休暇の取り方のうち不適切なものは、次のうちのどれですか。

① 休暇中も連絡が取れるように、常にスマートフォンなどをつなげておく。

② 休暇の申請は直属の上司に行う。

③ 急な体調不良で休むことも想定しておく。

④ 休暇を取得しても周りに迷惑が掛からないよう準備しておく。

解答欄

問題 06：ビジネスの場面における基本的な心がけとして不適切なものは、次のうちのどれですか。

① 顧客意識　　　② 目標意識

③ 規律意識　　　④ 潜在意識

解答欄

問題 07：（　　　）に入る適切な言葉は、次のうちのどれですか。

「顧客のニーズにこたえるだけではなく、常にレベルの高い仕事を追求する姿勢を（　　）意識と言う。」

① 品質　　　② 改革

③ 探求　　　④ 上昇

解答欄

問題 08：良い人間関係を築くためのポイントのうち不適切なものは、次のうちのどれですか。

① 相手の社会的地位から人柄を理解する。

② 相手に対して先入観をもたない。

③ 相手の良いところに注目する。

④ 積極的に自分から人間関係を築く努力をする。

解答欄

問題 09：（　　　）に入る適切な言葉は、次のうちのどれですか。

「立場の異なる相手と良好な関係を構築するために最も大切なことは、相手を（　　）ことです。」

① 憐れむ　　　② 思いやる

③ 喜ばせる　　　④ 蔑む

解答欄

問題 10：正しい話の話し方として不適切なものは、次のうちのどれですか。

① 感想や自分なりの憶測をしっかり話す。

② 相手が聞きやすいスピードで話す。

③ 笑顔で相手の目を見て話す。

④ 間違いやすい表現は言い換える。

解答欄

問題 11：ビジネスシーンにおける連絡のうち、メールで行う方が「効果的でない」ものは、次のうちのどれですか。

① 正確に伝えたいとき

② 記録として残したいとき

③ 急いで返事をもらいたい伝達事項があるとき

④ 多くの相手に一度に連絡したいとき

解答欄

問題 12：学校という組織でもマナーが重要視される理由として不適切なものは、次のうちのどれですか。

① 学生は支えられる立場のため、学校の規則には従うべきだから。

② 1人の無責任な行動が、学校のマイナスイメージにつながってしまうから。

③ 学びたい仲間の邪魔をするような行為は避けるべきだから。

④ 社会に出るための助走期間を充実したものにしていくことが大切だから。

解答欄

問題 13：人との関わりの中で心がけることの組み合わせとして不適切なものは、次のうちのどれですか。

① 教職員＝礼も過ぎれば無礼となる

② 友　人＝よきライバルとして影響し合う

③ 先　輩＝教えてもらうという謙虚な姿勢

④ 後　輩＝威圧的な態度で接しない

解答欄

問題 14：学校でのマナー違反でないものは、次のうちのどれですか。

① 学校の備品を勝手に持ち出す。

② 自分の机の中にごみを入れておく。

③ 共有のものは使ったら元の場所に戻す。

④ トイレの洗面台を水浸しにする。

解答欄

問題 15：交通機関など公共の場面でのマナーとして不適切なものは、次のうちのどれですか。

① 車内が空いているときは、メイクや食事の時間に充てる。

② 順番を守って乗り降りする。

③ 混みあっているときはリュックは前に抱える。

④ 携帯電話での通話は避ける。

解答欄

2　ビジネスマナーの技能

___

問題 16：次の文章の（　　　）に入る適切な語句を漢字2文字で答えなさい。

社会人として求められる身だしなみのポイントは、清潔感があり、上品で控えめであること、そして（　　）性である。

解答欄

問題 17：次の文章の（　　　）に入る適切な語句を漢字2文字で答えなさい。

（　　　）や整髪料は、個人の嗜好の違いがあるほか、「香害」で不快に思う人もいるので、控え目にする配慮が必要である。

解答欄

問題 18：次の文章の（　　　）に入る適切な語句を漢字2文字で答えなさい。

ビジネスにおける身だしなみにはTPOが必要である。TPOとは、時間、（　　　）、場面からなる和製英語である。

解答欄

問題 19：次の文章の（　　　）に入る適切な語句を4文字で答えなさい。
　　　　　笑顔であいさつした後に、一言言葉を添えることが大切である。季節や趣味、ニュース、家族、仕事などの中から（　　　）のないものを選ぶのがよい。

解答欄

問題 20：次の文章の（　　　）に入る適切な語句を漢字2文字で答えなさい。
　　　　　職場で、社外の人に会ったら、たとえ面識がなくても「いらっしゃいませ。いつもお（　　　）になっております」と挨拶する。

解答欄

問題 21：次の文章の（　　　）に入る適切な語句を2文字で答えなさい。
　　　　　仕事中の座り姿勢は周りから目につくものである。足をぶらぶらと組んだり、猫背であごを突き出したり、（　　　）をついて座るのは避ける。

解答欄

問題 22：次の文章の（　　　）に入る適切な語句を数字2文字で答えなさい。
　　　　　最敬礼の際には、腰から上体を（　　　）度傾け、視線を自分の足元付近の床に向ける。

解答欄

問題 23：次の文章の（　　　）に入る適切な語句を漢字2文字で答えなさい。
　　　　　上司の指示を受けて、理解したことを伝えるときには「了解です」ではなく「（　　　）いたしました」とするのがよい。

解答欄

問題 24：次の文章の（　　　）に入る適切な語句を漢字2文字で答えなさい。
　　　　敬語には尊敬語、謙譲語、丁寧語、美化語があるが、上司の家族から電話を受けたときは、上司のことは（　　　）語で伝えるのがよい。

解答欄

問題 25：上司への言葉遣いで間違っている部分を正しく直すとき、（　　　）に入る適切な語句を4文字で答えなさい。
　　　　「至急○○の件について、ご検討してください」
　　　　→「至急○○の件について、ご検討（　　　）」

解答欄

問題 26：相手企業を呼ぶときの呼称で（　　　）に入る適切な語句を漢字2文字で答えなさい。
　　　　「明日14時に、（　　　）へお伺いいたします」

解答欄

問題 27：次の文章の（　　　）に入る適切な語句を4文字で答えなさい。
　　　　かかってきた電話を受けるとき、コールが3回以上鳴った場合は、「（　　　）いたしました」などと一言添えるのがよい。

解答欄

問題 28：次の文章の（　　　）に入る適切な語句を漢字2文字で答えなさい。
　　　　電話で、名指し人が不在の時に伝言を受けたときは「（　　　）させていただきます」と言って、用件を繰り返し確認するのがよい。

解答欄

問題29：次の文章の（　　　）に入る適切な語句を漢字2文字で答えなさい。
　　　　電話で伝言を受けたら、相手の会社名、部署名、氏名、用件、自身の名前
　　　の他に、電話を受けた（　　　）を書いておくのがよい。

解答欄

問題30：次の文章の（　　　）に入る適切な語句を4文字で答えなさい。
　　　　不在の名指し人の連絡先電話番号を教えてほしいと言われても、（　　　）
　　　の許可なく教えてはいけない。

解答欄

問題31：次の文章の（　　　）に入る適切な語句を2文字で答えなさい。
　　　　メールの宛先欄には、送信したい相手のアドレスを入れる。間接的に確
　　　認・参照してほしい相手のメールアドレスはtoではなく（　　　）の欄に
　　　入れるのがよい。

解答欄

問題32：次の文章の（　　　）に入る適切な語句を1文字で答えなさい。
　　　　メールの本文では、まず相手の組織名・部署名・役職名・氏名・様を入れ
　　　る。全体で（　　　）行程度で宛名を書くのがよい。

解答欄

問題33：次の文章の（　　　）に入る適切な語句を2文字で答えなさい。
　　　　受け取ったメールに返信するときは、（　　　）は変えないことで、何に
　　　ついての返信かを相手が理解しやすくするのがよい。

解答欄

問題34：次の文章の（　　　）に入る適切な語句を漢字2文字で答えなさい。
　　　　受信したメールを第三者に転送するときは、メールの（　　　）冒頭に、メールの転送であることを記載するとよい。

解答欄 [　　　|　　]

問題35：次の文章の（　　　）に入る適切な語句を漢字2文字で答えなさい。
　　　　ビジネス上のおつき合いのために作成する、主に挨拶や儀礼的な文書・手紙を（　　　）文書という。

解答欄 [　|　|　|　]

問題36：次の文章の（　　　）に入る適切な語句を漢字2文字で答えなさい。
　　　　拝啓・謹啓などを（　　　）という。

解答欄 [　　|　　]

問題37：次の文章の（　　　）に入る適切な語句を数字1文字で答えなさい。
　　　　（　　）月に書くビジネス文書の季節の挨拶は「晩冬の候」あるいは「余寒厳しき折柄」とするのがよい。

解答欄 [　　]

問題38：次の文章の（　　　）に入る適切な語句を漢字2文字で答えなさい。
　　　　ビジネス文書の最後に「これまで以上に力を貸して助けをよろしく頼みたい」という意味の末文を入れるときは、「今後も（　　　）のご厚情を賜りたくお願い申し上げます」とするのがよい。

解答欄 [　　|　　]

問題39：次の文章の（　　　）に入る適切な語句を漢字2文字で答えなさい。
　　　　初めての相手とは面談時に名刺交換を行う。この場合、訪問した側から、あるいは（　　　）の人から先に、名刺を出して挨拶するのがよい。

解答欄 [　　|　　]

問題40：次の文章の（　　　）に入る適切な語句を漢字2文字で答えなさい。
　　　　名刺は、その人自身を表すものとされており、（　　）で相手の名刺の氏名の部分を隠すようにして持ったり、その場で畳んだり折り返したりするのは避ける方がよい。

解答欄　□

問題41：次の文章の（　　　）に入る適切な語句をカタカナ3文字で答えなさい。
　　　　取引先を訪問した後は、当日中に感謝の（　　　）を送るとよい。

解答欄　□□□

問題42：次の文章の（　　　）に入る適切な語句を5文字で答えなさい。
　　　　受付で来客を迎えたときは、相手の所属と氏名、名指し人の氏名、（　　　）メントの有無を確認して担当者に取り次ぐ。

解答欄　□□□□□

問題43：次の文章の（　　　）に入る適切な語句を漢字2文字で答えなさい。
　　　　来客を案内して階段を上がるときには、「2階にご案内します。どうぞお（　　　）にお気をつけください」と、先に歩いてもらうことで、相手を見下ろす位置に立たないように気を付ける。

解答欄　□

問題44：次の文章の（　　　）に入る適切な語句を漢字2文字で答えなさい。
　　　　応接室に案内した客にお茶を出すときは、湯呑みを（　　　）に乗せて、来客の正面におくのがよい。

解答欄　□

問題 45：次の文章の（　　　　）に入る適切な語句を漢字 1 文字で答えなさい。

　　　　取引先を訪問した際に応接室に通された場合、出入口から一番遠い席が（　　　　）座である。

解答欄　□

3　ビジネス一般に必要な知識

————————————————————————————————

問題 46：企業のうち、地方公共団体が出資する・経営する企業は、次のうちのどれですか。

① 法人企業　　　② 公企業
③ 公共企業　　　④ 自治企業

解答欄

問題 47：株式会社における最高意思決定機関である会議は、次のうちのどれですか。

① 社員総会　　　② 代表取締役会
③ 経営決議会　　④ 株主総会

解答欄

問題 48：会社の業務遂行に関する意思決定を行う経営者層を指し、会社法では必須の役職者は、次のうちのどれですか。

① 推進役　　　② 調査役
③ 監査役　　　④ 取締役

解答欄

問題 49：企業はいくつかの業界に分けられますが、商品を仕入れて小売店などに売る、モノを動かすことで利益を得る業界は、次のうちのどれですか。

① 商社　　　② 小売り
③ 流通　　　④ 運輸

解答欄

問題 50：次の文章で（　　　　）に入る適切な言葉は、次のうちのどれですか。

「機能別組織の分類の中で、生産管理の中には工程管理・作業
管理・原価管理・（　　　　）が含まれる。」

① 経費管理　　　　　② 売上管理

③ 品質管理　　　　　④ 日程管理

解答欄

問題 51：次の文章で（　　　　）に入る適切な言葉は、次のうちのどれですか。

「企業のグローバル化に伴い、諸外国の企業と同様の役職名を用いる企業
も増加している。そのうち最高経営責任者を（　　　　）とい
う。」

① CEO　　　　　② COO

③ CCO　　　　　④ CGO

解答欄

問題 52：企業が株主や投資家向けに行う広報活動とは、次のうちのどれですか。

① IR　　　　　② PR

③ UR　　　　　④ VR

解答欄

問題 53：2015 年の国連サミットで採択された、2030 年までに達成を目指す環境に
関する目標のことを SDGS と言いますが、最初の「S」の意味
で適切なものは、次のうちのどれですか。

① ステートメント　　　　② サスティナブル

③ センシティブ　　　　　④ スピーディ

解答欄

問題 54：ビジネスにおいて効果的に情報収集を行うために必要なことのうち不適切
なものは、次のうちのどれですか。

① 目的を明確にする　　　② 膨大な情報を集める

③ 信頼できる情報源を選ぶ　④ 効率よく収集する

解答欄

問題 55：会議の目的として不適切なものは、次のうちのどれですか。

① 意思決定　　　　　② 議論

③ 問題解決　　　　　④ アイデア抽出

解答欄

問題 56：会議用語のうち、会議の議事を進めて議決するために必要な最低限の人数
は、次のうちのどれですか。

① 定足数 　　　　② 定員数

③ 出席率数 　　　④ 過不足数

解答欄

問題 57：企業においてデータが消滅してしまうことがないように、システムやデー
タを別の場所に複製し保存しておくことは何というか、次のう
ちのどれですか。

① データアップ 　　　② ベースアップ

③ バックアップ 　　　④ チェックアップ

解答欄

問題 58：結婚にあたり事前に祝いを送るときには吉日の午前中に届けるのが基本と
されていますが、吉日とされるものは、次のうちのどれです
か。

① 赤口 　　　　② 六曜

③ 賀寿 　　　　④ 友引

解答欄

問題 59：賀寿のうち、傘寿の数え年齢で適切なものは、次のうちのどれですか。

① 70歳 　　　　② 80歳

③ 90歳 　　　　④ 99歳

解答欄

問題 60：葬儀に持参する現金を入れる袋の種類として適切なものは、次のうちのど
れですか。

① のしなし結びきり・白黒

② のし付き蝶結び・白銀

③ のし付き結びきり・黄白

④ のしなし蝶結び・白銀

解答欄

──────── 終了 ────────

[編者紹介]
一般社団法人全国検定教育振興会
全ての人に求められる一般社会において必要なマナーや、ビジネスコモン
センスを身につけた人材を育成するため、児童の躾をはじめ学生や社会人
のビジネスマナーの教育に携わる者の指導育成を行い、また青少年に対し
てビジネスコモンセンス能力を検定し、もって我が国の経済社会の発展に
寄与することを目的としている。▶https://biz-common.or.jp/

[執筆者紹介]
株式会社アプト
学生のキャリア支援、社会人のキャリアアップのための各種研修・教育
の企画運営、講師派遣を行っている企業。職場環境の活性化につながる
コミュニケーションやマナーについて実践的な指導をしている。
企業研修・各種講座のお問合せなどはこちらまで▶win@apt-club.com

ちょっと臆病なチキンハートの犬
チキン犬

・とても傷つきやすく、何事にも慎重。
・慎重すぎて逆にドジを踏んでしまう。
・頼まれごとにも弱い。
・のんびりすることと音楽が好き。
・運動は苦手（犬なのに…）。
・好物は緑茶と大豆食品。

英光社イメージキャラクター
『チキン犬』特設ページ
チキン犬
LINEスタンプ販売中！
https://eikosha.net/chicken-ken

ビジネスマナー検定問題集準1級

2024年4月1日　発行

編　者　　一般社団法人　全国検定教育振興会

発行所　　株式会社 英光社
　　　　　〒176-0012　東京都練馬区豊玉北1-9-1
　　　　　TEL 050-3816-9443
　　　　　振替口座 00180-6-149242
　　　　　https://eikosha.net

©2024 EIKOSHA
ISBN 978-4-88327-811-4 C2034

本書の内容に誤りが見つかった場合は、
ホームページにて正誤表を公開いたします。
https://eikosha.net/seigo

本書の内容に不審な点がある場合は、下記よりお問合せください。
https://eikosha.net/contact
FAX 03-5946-6945
※お電話でのお問合せはご遠慮ください。

落丁・乱丁本はお取り替えいたします。
上記contactよりお問合せください。